LES SOUTERRAINS

DE BIRMINGHAM.

On trouve chez le même Libraire :

Le *Soldat de qualité*, ou le *Dévouement fraternel*, par mademoiselle Barthélemy HADOT, 2 vol. in-12.

Les *Enfans de la nuit*, ou les *Aventures d'un Parisien*, 3 vol. in-12.

L'*Enfant du désert*, par mademoiselle VANHOVE, 4 vol. in-12.

LES SOUTERRAINS

DE BIRMINGHAM,

OU

HENRIETTE HEREFORT;

Par M.me GUENARD-DE-MÉRÉ,

Auteur des Mémoires de la princesse de Lamballe.

TOME QUATRIEME.

A PARIS,

Chez LEROUGE, Libraire, Cour du Commerce,
Quartier St.-André-des-Arcs.

1822.

LES SOUTERRAINS

DE BIRMINGHAM.

CHAPITRE I.

Par une de ces révolutions dont les guerres entre les maisons de Lancastre et d'Yorck ont donné plus d'un exemple, on peut regarder comme une des plus extraordinaires celle qui fit trouver à la reine des défenseurs dans le propre frère d'Edouard, le duc de Clarence, et dans le comte de Warwick, que son autorité sur l'esprit des Anglais, dont il maniait à son gré les résolutions, avait fait nommer le faiseur de rois. Ce dernier, mécontent d'Edouard, avait passé en France pour y trouver la reine, qui était alors à la cour de Louis XI; il se joignit à cette princesse pour obtenir du monarque français un secours capable de rétablir Henri sur le trône. Le roi consentit à donner des vaisseaux, des hommes et de l'argent, et Marguerite vint, au moment où Edouard y pensait le moins, débarquer à Darmont avec 4000 hommes ayant Warwick à leur tête. Le nom seul du capitaine eut bientôt créé une armée, et la reine se vit à la tête de 60,000 hommes; le duc de Clarence la joignit, reconnaissant Henri pour roi, et déclarant son propre frère traître et usurpateur. Les troupes de Marguerite avancèrent jusque dans l'Incolnshire, à peu de distance de celles d'Edouard, qui ayant su que Warwick et le duc de Clarence avaient reconnu Henri pour roi, et accompagnaient la reine, était sorti de Londres avec une armée qui n'était pas inférieure en nombre à celle de la reine. Les deux camps étaient si près l'un de l'autre, que l'on pouvait entendre les cris des soldats de l'un dans l'autre.

Ceux de Marguerite ne cessèrent de

crier : vive Henri et la maison de Lancastre ! tandis que ceux d'Edouard gardaient un morne silence. Edouard, frappé de l'accueil glacé qu'il recevait des siens, ne se crut pas en sûreté parmi eux, et se retira dans le château de Lins. Aussitôt que sa retraite fut connue de ses soldats, ils se livrèrent au désir de se réunir à leurs frères au lieu de s'entr'égorger, et on entendit de rang en rang, dans l'armée d'Edouard, les mêmes cris que dans celle de Marguerite, qui, instruite de la disposition de ses sujets, s'avança sans défiance vers le camp de ceux qui cessaient d'être ses ennemis ; elle se vit ainsi à la tête de deux armées, qui, réunies, en formaient une des plus considérables que l'on eût encore vu en Angleterre : c'est ainsi qu'elle entra dans Londres, accompagnée de Warwick et du duc de Clarence, qui, oubliant les sentimens de la nature et son propre intérêt pour se venger d'Edouard qui l'avait offensé, reconnut publiquement Henri pour roi, avec la seule condition, que si la branche de Lancastre venait à s'éteindre, ce serait lui qui hériterait de la couronne, au préjudice d'Edouard d'Yorck et de son fils.

La reine alla elle-même ouvrir les portes de la Tour à son époux, qui y était enfermé depuis six ans. Il fut peu sensible au bonheur de recouvrer une liberté qui le replongeait dans toutes les vicissitudes de la fortune. Cependant, il monta à cheval avec la reine, son fils et le comte de Warwick; ils parcoururent les rues de Londres aux acclamations du peuple, qui, toujours inconstant, changea avec la fortune, dont la faveur est souvent funeste. Tous les amis de la maison de Lancastre prirent part à ce mémorable événement; et Henriette ne fut pas la dernière à en témoigner sa satisfaction à la reine; elle engagea son frère à se rendre à la cour, et lord Auldei proposa de l'emmener avec lui; il fut convenu que, pendant le temps qu'ils seraient absens, Edmée resterait au château de Birmingham, car Henriette avait pris cette jeune personne en amitié, et Richard commençait à la voir avec un intérêt tel qu'il n'en avait pas encore ressenti pour aucune autre.

Henriette voyait avec plaisir cette passion naissante; le caractère d'Edmée lui convenait; le peu d'années qu'elle avait de plus que Richard, ne pouvait être un obstacle à leur union, et au contraire, cette différence d'âge, qui serait à peine sensible lorsqu'ils auraient encore quelques années, était utile dans ce moment pour donner à Edmée une sorte d'autorité sur un caractère aussi violent et aussi opiniâtre que celui de Richard, qu'elle regardait comme un enfant, tandis qu'il l'aimait déjà d'un sentiment qui n'avait point attendu les années pour naître dans son cœur. Il avait quinze ans et Edmée dix-sept, et déjà il n'y avait qu'elle qui le fît céder, quand il s'agissait de faire quelque chose qui lui déplaisait. Henriette employait ce moyen avec adresse pour gouverner son fils, qui, se croyant toujours au-dessus de celle qu'il regardait comme sa sœur, se révoltait sans cesse contre ses volontés, soutenu dans ses projets d'indépendance par Francisque Bunh, qu'il avait trouvé le moyen de rapprocher de lui, ayant engagé Auldei à le prendre pour son écuyer; arrangement que le duc fit d'autant plus facilement, que Francisque ayant, comme on sait, une pension de Richard, il fut convenu qu'il ne demanderait point d'appointemens à Guillaume; ce qui s'accordait à merveille avec l'humeur parcimonieuse de ce lord.

Malgré le regret que Richard éprouvait de perdre quelques jours de ceux qu'il passait auprès d'Edmée, il consentit à partir avec son père. Henriette ne négligea rien pour que son frère parût, dans cette circonstance, avec le plus grand éclat; son écuyer, car il avait toujours celui de son père, ainsi que ses pages étaient magnifiquement montés et habillés, et un grand nombre d'hommes de livrée le suivait. Quant à Auldei, à l'exception de Francisque, dont le somptueux équipage ne lui avait rien coûté, sa suite était peu nombreuse et assez mesquinement vêtue. Richard en eût fait des reproches à tout autre, mais Auldei lui inspirait, malgré lui, une sorte de respect; sa fille en avait un si profond pour lui, qu'il se croyait obligé de lui témoigner le même sentiment; et sans trop savoir encore à quel point celui qu'il éprouvait pour Edmée influerait sur sa conduite, il suivait machinalement les mêmes impressions qu'elle; par exemple, il était bien plus souvent auprès de sa sœur; il avait avec elle un ton bien plus caressant, depuis qu'il voyait Edmée témoigner à Henriette les plus tendres égards; en partant pour Londres avec le père d'Edmée, il était si ému, qu'il se jeta dans les bras de miss Herefort pour cacher le trouble qu'il éprouvait, et la serra si tendrement contre son cœur, que l'âme sensible d'Henriette en fut pénétrée, et elle se dit à elle-même : « Ce moment me paie de tout ce que j'ai fait pour lui. »

Dès que Richard fut arrivé à Londres, il se rendit au palais, et son premier soin fut de faire sa cour à Edouard, auquel il était sincèrement attaché. Le prince de Galles, environné de toute la grandeur qui convient à l'héritier d'un trône, ne le vit pas avec moins de plaisir, il le lui témoigna avec toute la franchise qui le caractérisait; ce fut lui qui voulut le présenter au roi et à la reine; cette princesse l'accueillit avec une bonté infinie, ainsi que le lord Auldei; sa vue lui rappelait la fin malheureuse du frère de

Guillaume (c'était aussi le nom d'Auldei), et elle vit avec plaisir que l'héritier d'un homme qu'elle avait toujours honoré de son estime, fût lié assez intimement avec Henriette, pour qu'elle lui confiât son frère. Elle s'informa de ce qui pouvait intéresser lord Auldei, et sut qu'il n'avait qu'une fille, qui était en ce moment auprès de miss Herefort. Richard vanta ses charmes et toutes les qualités qui l'embellissaient encore, avec un feu qui, à l'âge du jeune lord, étonna la reine, et lui fit penser que ces deux maisons pourraient s'unir, et réaliser ce qui avait été projeté par lord Sommerset, de conserver les grands biens de la maison d'Herefort dans le parti de la Rose rouge ; mais elle ne pensait pas que lord Auldei voulait qu'un double mariage cimentât cette union ; elle connaissait assez le cœur d'Henriette pour savoir qu'elle ne pourrait jamais se résoudre à passer à de secondes nôces.

Il y avait deux jours que Richard était à Londres avec lord Auldei, et il commençait à trouver le temps long sans voir Edmée, lorsqu'un jour, allant faire sa cour à Edouard, il est bien surpris de s'entendre appeler par quelqu'un qu'il croit reconnaître, et plus encore en sachant que c'est William Wilz, dont il a entendu parler à Edmond comme du frère d'Edgard, dont sa sœur ne prononçait jamais le nom qu'avec attendrissement, comme lui devant l'honneur et la vie. Il ignorait les sujets de haine que sa sœur aurait dû avoir contre William, si son cœur, le plus sensible qui fût jamais, en eût été susceptible ; ainsi, il reçut avec plaisir les témoignages d'amitié que William lui donnait; celui-ci s'informa de la santé d'Henriette, et témoigna au jeune lord combien il serait satisfait de renouer avec lui une liaison déjà ancienne dans leur maison, que la mort de son cher Edgard et les troubles politiques avaient suspendue, mais qu'il cultiverait avec le plus grand plaisir. Richard lui dit qu'il en aurait beaucoup à le voir à Birmingham, où enfin sa sœur s'était décidée à recevoir ses voisins, et alors il lui raconta, avec sa manière gaie et originale, les amusemens de sa jeunesse, « qui, en vérité, ajoutait-il, étaient faits pour me faire perdre pour toute la vie la faculté de rire, chose à laquelle ma chère sœur a complètement renoncé; elle est toujours parfaitement belle, pleine d'esprit, de connaissances, mais elle ne sourirait pas pour tout l'empire du monde, et cela parce que nos parens sont morts, comme si tous les enfans n'étaient pas destinés à survivre à leurs père et mère. Entre nous soit dit, ma chère sœur a une tête un peu exaltée, et c'est toujours l'effet de la solitude ; mais elle a à présent auprès d'elle un être charmant, qui, peut-être, la forcera à se laisser distraire de ses noires pensées. » Et voilà Richard qui fait à William le portrait d'Edmée avec un enthousiasme qui lui prouva que son neveu n'avait pas une tête plus froide que lui. Ils entrèrent ensemble chez le prince, qui connaissait à peine William, et qui demanda à Richard s'il savait son nom. « C'est William Wilz, le frère d'Edgard. — Ah! je me rappelle; j'en ai beaucoup entendu parler à ma mère; il a été très-amoureux de miss Herefort, et l'a fait prisonnière; c'est son frère Edgard qui l'a tirée de ses mains, puis Edgard a disparu; c'est un véritable roman que cette histoire, ma mère la sait bien mieux que moi : en général, on ne regarde pas William comme un fort bon sujet, et je ne vous engage pas à vous lier avec lui, votre sœur ne peut pas le souffrir. » Le prince de Galles ne savait pas que c'était une raison pour que Richard voulût le voir, parce qu'il trouvait toujours des raisons pour justifier ceux que sa sœur ou tout autre accusaient; ce qu'il faisait par esprit de contradiction, et qu'il colorait à ses propres yeux d'amour de la justice; ainsi, se persuadant que William n'avait aucun tort, il se flatta de le râccommoder avec sa sœur; mais il n'en dit rien au prince.

On passa de chez le prince de Galles chez la reine, qui fit un cri de surprise en voyant William. « Eh, mon Dieu! milord, d'où sortez-vous? je croyais que vous vous étiez fait enterrer dans les souterrains de Birmingham. » A ce nom, William pâlit, et demanda avec respect à la reine, « Qui pouvait lui donner cette pensée, et quel rapport il avait avec ces souterrains? — Aucun, dit Marguerite, j'ai nommé ces souterrains comme j'aurais dit la grotte de Fingal; mais enfin d'où venez-vous? — J'ai vécu, madame, dans la plus profonde retraite, depuis le jour où j'ai tenté inutilement à Exham de ramener la victoire sous vos drapeaux. — Oui, je sais que vous y avez fait des actions d'éclat; mais comment, après cela, n'êtes-vous pas venu me joindre en Ecosse ? — Parce que j'ai cru que je ne pourrais vous y servir : j'ai vécu ignoré de l'usurpateur, et je n'ai quitté ma retraite qu'à l'instant où j'ai su votre arrivée à Londres. Je viens joindre mes hommages à ceux qui, comme moi, savent tout ce que la conduite héroïque de votre majesté mérite de respect et d'admiration. » La reine s'informa aussi comment il se trouvait avec Richard, et il le lui dit. Celui-ci ne vit pas que la reine traitât si mal William que lui avait fait penser le discours du prince de Galles; et il persista dans le dessein de l'emmener à Birmingham. Il l'engagea à lui faire l'honneur de dîner avec lui et le lord Auldei; ils logeaient ensemble à l'*écu d'or*, près Westminster. William promit de s'y rendre.

CHAPITRE LI.

Richard rentra à l'hôtellerie où le lord Auldei l'attendait et avait commandé un dîner avec l'extrême économie qu'il mettait dans toute sa conduite. Richard, qui était entièrement opposé à ce système, changea l'ordonnance du repas, et en fit préparer un digne de la bouche d'un roi. Lord William arriva, on servit : les convives, qui ne se connaissaient pas, se regardèrent d'assez mauvais œil, sans savoir les raisons qu'ils avaient de se haïr.

Après les premiers mets, que lord Auldei trouvait trop somptueux, et dont Richard savourait, en véritable amateur, toute la bonté, on commença à s'entretenir du passé, du présent et de l'avenir. Auldei parlait peu : il est à remarquer qu'un avare est rarement bavard, il semble que la parole soit un don qu'il ne veut pas plus prodiguer qu'un autre; il écoutait, cela ne coûte rien, et William, que le vin de France que Richard lui versait à longs traits, avait rendu confiant, parla de ses amours pour Henriette, du malheur qu'il avait eu d'avoir son frère pour rival et rival préféré; il vanta les charmes de miss Herefort, et plus encore son esprit, ses talens, son extrême bonté, et mille traits de bienfaisance et de générosité de cette charmante personne, et finit par dire que si quelque chose pouvait le consoler de ne l'avoir pas épousé, c'était la certitude qu'elle ne se marierait jamais. « Qui vous la donne, reprit Auldei ? — La connaissance que j'ai de son cœur, le plus constant et le plus tendre qui fût jamais. J'ai, ajouta-t-il, une raison plus certaine encore : c'est que si j'apprenais qu'elle a cessé de vivre pour la mémoire de mon frère et qu'elle a reçu les vœux d'un autre amant, ce téméraire ne deviendrait son époux qu'en passant sur mon corps. — Eh bien! dit Auldei en se levant et mettant la main sur la garde de son épée, c'est moi qui suis ce téméraire ; c'est moi qui l'adore, et qui, je crois, n'en est pas haï. — Je vous entends, reprit William avec une fureur concentrée; ce soir, à sept heures, trouvez-vous à Hyde-Parck. — J'y serai. »

Richard, désespéré d'être la cause innocente de ce combat, fit tout ce qu'il put pour réconcilier les deux lords, mais ce fut inutilement. Il leur dit, « que leur étant attaché à tous deux, il ne pourrait servir de témoin ni à l'un ni à l'autre, mais qu'il se rendrait avec eux sur le terrain pour porter des secours à celui qui en aurait besoin, et amènerait avec lui Francisque. »

Le repas, comme on le pense, fut interrompu : William se retira, et Auldei écrivit à sa fille et à miss Herefort, à laquelle il déclarait son amour, seule cause de son combat contre William; il lui recommandait sa fille, et écrivait à celle-ci de s'attacher tendrement à Henriette, désirant qu'elle lui fût unie un jour par des liens plus sacrés. Ces deux lettres écrites, il les remit à Richard, et ayant dit à Francisque de le suivre, il se rendit, avec le jeune lord, à Hyde-Parck. Ils y trouvèrent William, qui brûlait d'impatience de punir l'audace de celui qui se vantait d'avoir attendri un cœur dont la conquête lui était échappée. Auldei ne désirait pas moins de se délivrer d'un rival qui lui paraissait dangereux, car il ignorait les raisons qui empêchaient qu'Henriette pût être à lui.

Ils ne furent pas long-temps à s'attaquer, et ils le firent avec une telle furie, qu'un instant après Richard les vit tomber tous deux, mais avec cette différence que William parut sans vie et qu'Auldei n'était que blessé à la cuisse. Francisque et Richard bandèrent sa plaie, le placèrent sur son cheval et le conduisirent à l'hôtellerie, où ils firent appeler un chirurgien, qui assura que dans trois jours il serait guéri. Richard était cependant fâché d'avoir abandonné William, qui n'était peut-être pas mort, et retourna avec Francisque à la place où il l'avait laissé; leur surprise fut extrême en ne le retrouvant plus. Ils s'informèrent si on n'avait pas vu un homme blessé grièvement ? on leur répondit qu'on ne l'avait pas rencontré; et ils revinrent à l'*écu d'or*, où ils passèrent la soirée fort tristement, en pensant que William avait peut-être été enlevé encore vivant par des voleurs pour s'emparer de ses habits et de ses armes. Ils se reprochaient de n'être pas restés auprès de lui jusqu'à ce qu'il eût été relevé et porté dans une maison où on aurait pu ou lui rendre la vie, ou les devoirs funèbres. Ce combat resta secret, et la reine ne revoyant plus

William Wilz, pensa que c'était encore un effet de la bizarrerie de son caractère. Richard vint au palais faire les excuses du lord Auldei s'il ne venait pas prendre congé de leurs majestés, mais qu'il avait fait une chute de cheval qui ne lui permettait pas de marcher ; qu'il retournerait en litière à Birmingham. La reine chargea le lord Herefort de témoignages d'amitié pour Henriette ; et il fut convenu que lorsqu'il aurait atteint dix-huit ans, il serait attaché au prince de Galles, et ferait avec lui sa première campagne.

Quand ils arrivèrent à Birmingham, on fut fort étonné de voir le lord descendre d'une litière, et ne pouvant marcher sans être soutenu par deux de ses gens. Miss Auldei vint au-devant de son père, et lui demanda, avec la plus vive inquiétude, s'il était blessé ? « Ce n'est rien, dit-il ; c'est à miss Herefort qu'il faut que je raconte l'évènement qui m'a rendu boiteux. » Et il se fit conduire dans la petite galerie, où miss Herefort lui demanda aussi avec intérêt, ce qui l'empêchait de marcher. « Vous allez le savoir, madame : vous avez connu le lord William Wilz ? » A ce nom, Henriette changea de couleur. « Oui, dit-elle ; quel rapport a-t-il avec l'accident qui vous est arrivé ? — Un très-rapproché : cet insolent lord a prétendu qu'il ne permettrait pas à qui que ce fût de prétendre à votre main, et comme j'espère l'obtenir.... — Vous espérez obtenir ma main, milord, et voilà la première fois que vous m'en parlez ? je vous déclare au surplus que ni vous, ni aucun autre ne doit y prétendre, parce que jamais je ne me marierai. — Et moi, je vous assure que je vous épouserai ; mais écoutez le récit de ce qui s'est passé entre nous :

» Je me suis levé, et j'ai dit, que qui voudrait s'opposer à mes vœux ne le pourrait qu'après m'avoir privé de la vie.

Alors, posant la main sur la garde de son épée, il m'a donné rendez-vous dans Hyde-Parck; je m'y suis rendu à l'instant; la partie s'est engagée, il m'a blessé à la cuisse, et moi, je l'ai étendu roide mort sur la terre. — Ah ciel! s'écria Henriette, pauvre William! est-il possible, milord, que vous vous soyez permis de trancher les jours d'un homme par la seule raison qu'il avait désiré de m'être uni; qui vous a donné ce droit barbare? vous que je ne connais que depuis fort peu de temps, que je n'aime point, et que je n'aimerai jamais. Comment avez-vous pu croire que c'était un moyen de plaire à une femme, que de tremper vos mains dans le sang d'un homme dont elle était éperdument aimée, qui, s'il n'avait pu obtenir le retour de ses sentimens, m'avait inspiré une véritable pitié pour la passion la plus ardente qui fût jamais? un homme qui était le frère de celui que j'ai adoré, à la mémoire duquel je me suis consacrée, et qui avait en quelque sorte des liens de famille avec moi et mon frère. Non, n'espérez pas que ce soit un moyen de me faire recevoir vos vœux ; non, je vous regarde comme un barbare, un meurtrier, votre vue me fait mal. » En disant ces mots, elle se lève et gagne son appartement, dont elle fit défendre exactement la porte, même à Edmée.

On s'étonnera peut-être de voir Henriette éprouver une peine aussi vive en apprenant la mort de William, qui avait causé tous ses malheurs ; il faut, pour le comprendre, avoir quelqu'idée d'un sentiment porté au dernier degré de vivacité. Henriette adorait Edgard ; elle savait que William avait été long-temps l'objet du plus tendre attachement de son époux ; elle avait peut-être des raisons que nous ignorons de connaître à William des qualités infiniment rares. Il en avait une dont il est impossible à une femme de ne pas savoir quelque gré, c'était une constance à toute épreuve ; c'est en protestant de son amour pour elle qu'il trouve la mort, et c'est celui qui vient de la lui donner qui ose s'en vanter comme d'un exploit dont elle doit le remercier. Ah ! je suis bien sûre que la plupart des femmes sensibles qui liront ces mémoires, ne seront point étonnées de l'impression que ce triste évènement produisit dans le coeur d'Henriette, qui, de cet instant, voua au lord Auldei un sentiment bien voisin de la haine.

Quant à lui, il ne se possédait pas de fureur : « Quoi ! disait-il, je la délivre d'un homme qui devait lui être odieux, et elle en est au désespoir ; ah ! que le coeur des femmes est bizarre ! » Richard était très-affligé de cette aventure ; il se reprochait bien de n'avoir pas suivi le conseil du prince de Galles, et d'avoir invité William à dîner. « Sans moi, il vivrait, et ma soeur ne serait pas brouillée avec miss Auldei, à qui son père avait déjà signifié qu'il fallait quitter le château. Elle voulut au moins voir miss Herefort; mais elle ne fut pas admise; seulement Henriette lui envoya miss Alworty, pour lui dire, « que s'étant trouvée fort mal, elle n'était pas en état de voir personne, qu'elle la priait de l'excuser, et de l'en dédommager un autre jour. » Hélas! savait-elle si son père lui permettrait de revenir? Ce fut à ce moment qu'Edmée sentit qu'un attrait plus fort que l'amitié la retenait à Birmingham.

Lord Herefort était au désespoir, il suppliait Guillaume de rester quelques jours. « Ce premier moment passé, ma sœur sentira, milord, que vous lui avez rendu service : William, à ce que m'a dit le prince de Galles, avait eu de grands torts avec ma sœur. — C'est une raison pour qu'elle le regrette; les femmes n'aiment que les hommes qui les rendent malheureuses; mais enfin je pars, et je vais faire l'impossible pour arracher de mon cœur la fatale passion que votre sœur m'a inspirée, et dont j'avais gardé le silence depuis deux ans: espérant que mes soins, mes égards avaient fait quelques progrès sur le cœur de miss Herefort, mon intention était de demander à la reine de protéger mon amour; mais, non, je suis un barbare, un insensé, elle ne me voit qu'avec peine. Eh bien! elle ne me verra plus, je serai aussi insensible qu'elle. » Et ne voulant plus rien écouter, il fit seller ses chevaux et partit, laissant Richard très-affligé, d'autant plus qu'il n'avait pu démêler dans les yeux d'Edmée si elle partageait sa douleur; il prit la main de Francisque et lui dit qu'il l'attendait le lendemain; et se renferma aussi dans son appartement; il ne voulut pas même voir Edmond, qui était désespéré de cet arrangement, dont l'évènement cité plus haut était la seule cause; car il voyait bien que Richard aimait éperdument Edmée, et qu'il n'y avait aucun doute que son père et Henriette ne se réconcilieraient jamais.

CHAPITRE LII.

Miss Herefort passa une nuit cruelle; et le lendemain, madame Roberson la trouva si changée, qu'elle lui fit des reproches de s'attrister autant de la mort d'un homme qui ne lui avait jamais fait que du mal. « C'est un sentiment involontaire. » Et elle dit à sa nourrice, « que toute la nuit, il lui semblait que l'âme de William lui apparaissait; qu'Edgard lui reprochait d'être cause de la mort de son frère. » Pendant près de quinze jours, milady éprouva le même tourment. Une nuit enfin où elle ne pouvait résister à son agitation, elle quitte son lit qui semble redoubler ses souffrances; elle descend à la chapelle; mais, ô surprise! ô terreur! la lampe est allumée; une lettre est placée sur l'autel, c'est l'écriture de William; qui a pu l'apporter? elle seule à la clef de la chapelle : elle décachète en tremblant cet écrit, il est conçu en ces termes :

« Moi, soussigné, lord William Wilz,
» seigneur, etc., etc., institue ma léga-
» taire universelle miss Herefort, et prie
» la reine de vouloir bien lui conférer le
» titre de lady Wilz. Je pardonne ma
» mort au lord Auldei, et me hâte d'al-
» ler rejoindre mon cher Edgard. Je
» souhaite à Richard toutes les prospéri-
» tés de la terre; mais qu'il songe que
» nous ne faisons qu'y passer, et que
» celui qui s'abandonne à ses passions,
» en est toujours la victime. Henriette,
» trop chère Henriette, ne plaignez pas
» celui qui en mourant voit un terme à
» de longues et cruelles souffrances; il
» il n'y en aura pas à son amour, qui
» survivra à la nuit du tombeau. »

Henriette ne put retenir ses larmes en voyant ce témoignage d'un sentiment si malheureux; elle se prosterna aux pieds de l'autel, et elle pria pour le repos des deux frères. Qu'elle est consolante cette religion qui nous assure que nous pouvons encore être utiles à ce qui nous fut cher quand la mort nous en a séparés, qui établit entr'eux et nous une chaîne de bienfaits. Est-il un culte plus digne d'une âme sensible ? et ceux qui, dans leur système, ferment ces prisons expiatoires, n'ont pas plus d'idée de la justice divine, que des douloureuses jouissances qu'éprouvent un fils, une épouse, une sœur, en demandant à Dieu d'en abréger la durée.

Madame Roberson, qui avait pour Henriette la sollicitude maternelle, crut entendre quelque bruit dans sa chambre; elle y entra, et ne la voyant pas dans son lit, en fut très-inquiète, ne sachant où elle pouvait être allée; mais ne voyant pas les clefs de la chapelle à la place où elles étaient toujours, elle pensa que miss y était descendue, et en effet elle l'y trouva dans une profonde affliction. Henriette fit part à sa nourrice des dernières volontés de William. Celle-ci trouva qu'il n'avait fait que réparer faiblement ses torts, en laissant à son neveu ce qui devait lui appartenir de droit. « Mais, dit-elle, comment cette lettre se trouve-t-elle sur l'autel ? comment la lampe était-elle allumée ? on communique donc encore par les souterrains, et William en a-t-il la clef ? — Ma chère bonne, puisque vous êtes avec moi, descendons sous la voûte funéraire, et voyons si nous ne trouverons pas quelques traces qui nous indiqueront si c'est par-là que l'on est venu et qu'on ne viendra plus, dit-elle en poussant un long soupir. » Madame Roberson n'aimait pas beaucoup l'habitation sépulcrale ; mais, accoutumée à faire tout ce qui plaisait à sa chère fille, elle se décida à l'accompagner et passa la première.

Elle fut frappée de voir sur le tombeau de lord Herefort et d'Anna, des fleurs fraîchement cueillies que l'on y avait posées. « Oh ! dit-elle, il n'y a aucun doute que l'on vient ici. » Henriette examina douloureusement le caveau, et ne vit rien que les fleurs qui étaient encore humides de la rosée de la nuit; elle prit quelques scabieuses (1) qu'elle posa sur son cœur, et au moment où elle allait se retirer, un son de voix lugubre prononça ces mots : *Adieu, Henriette, pour toujours.* Etait-ce la voix d'Edgard? était-ce celle de William? elle paraissait si éloignée, que l'on pouvait les confondre. Henriette, ne résistant point au désir de voir celui qui l'appelait, obtient de madame Roberson qu'elle l'aidât à ouvrir la porte que l'on avait fermée en dedans avec des barres de fer si lourdes, qu'elles eurent toutes les peines du

_____

(1) C'est la fleur symbolique de la veuve.

monde à les soulever. « Comment est-il possible, disait-elle en ouvrant cette porte, que l'on puisse passer de ce côté, puisque ces barres en ferment l'ouverture ? » Cependant la porte cède à leurs efforts, et Henriette s'élance dans le souterrain. Elle aperçoit de loin une ombre qui fuit, elle suit ses traces avec la légèreté d'un oiseau : madame Roberson marche pour l'atteindre, mais elle ne peut aller aussi vîte, et la lumière qu'elle porte ne donne qu'une faible lueur dans la galerie, que miss Herefort parcourt toujours en suivant l'objet qui s'éloigne encore davantage, et qui, tout à coup, semble rentrer sous terre, et disparaît à cet instant. Madame Roberson qui faisait tous ses efforts pour rejoindre sa maîtresse, ne prend pas garde à des pierres qui se trouvaient dans le chemin, se heurte, fait un faux pas et tombe sur ses genoux. Ce mouvement éteint la lampe qu'elle portait, et plonge ces voûtes dans une profonde obscurité; alors Henriette se trouve saisie d'un grand effroi. Il est certain que ces souterrains sont habités; c'est bien un homme qu'elle a vu; mais par où communique-t-il à la galerie? il y a donc une route inconnue? cet homme ne peut être que William; ne va-t-il pas revenir sur ses pas? n'est-ce pas un piége qu'il lui a tendu; comment s'y est-elle laissé prendre? regrets inutiles; elle cherche au moins à se rapprocher de sa nourrice qui l'appelle. Enfin, suivant la voix, elle la rejoint, et la trouve à moitié couchée par terre, ne pouvant se relever. Elle est tombée sur sur des cailloux tranchans et elle s'est fait une plaie très-douloureuse aux genoux; elle gronda miss d'avoir couru si vite; celle-ci lui donna le bras, et l'engagea à regagner le caveau, d'où elle remonterait dans les appartemens supérieurs, qu'alors on panserait sa plaie. La nourrice dit, qu'en effet il n'y avait pas d'autre parti à prendre ; tout en boitant, elle se trouve auprès de la porte de bronze ; mais, ô douleur ! elles n'avaient pas pris garde que, n'ayant point arrêté cette porte au moment où elles étaient entrées dans les souterrains, son poids l'avait refermée ; et comme il n'y avait aucune serrure extérieure, il ne restait à Henriette et à la pauvre Roberson nul moyen de sortir de cette vaste et sombre prison ; car, quoiqu'elle ait vu un être de son espèce gagner certainement une issue que l'on ignore au château, elle n'était pas tentée de s'exposer à de nouveaux périls en cherchant cette sortie. Elle persuada donc à sa nourrice, que ce qu'il y avait à faire était de se tenir près de la porte, parce que certainement ne la voyant pas sortir de son appartement, comme elle avait coutume, pour l'heure du déjeuner, on viendrait savoir où elle était, par la même raison qui avait décidé madame Roberson à descendre à la chapelle, et que dès l'instant qu'elles entendraient quelque bruit, elles appelleraient de toutes leurs forces, qu'alors on viendrait leur ouvrir. Cela était assez probable, mais ne rassurait pas la nourrice, qui se voyait déjà réduite à se manger les bras pour satisfaire la faim qu'elle allait souffrir. Cependant, les conjectures de miss Herefort se réalisèrent : Jenny, voyant que sa maîtresse ne l'avait pas sonnée pour l'habiller, entra chez elle, et ne la trouvant pas ni madame Roberson, crut d'abord qu'elles étaient descendues dans les jardins. Elle attendit quelque temps ; la cloche annonça le déjeuner, et miss ne parut pas ; alors on commença à s'inquiéter ; Edmond fut le premier qui eut l'idée de descendre dans la chapelle où il ne la trouva pas ; mais la porte qui conduisait à l'escalier du caveau étant ouverte, il descendit, et fut bien étonné de voir qu'on avait ouvert la porte qui communiquait aux galeries, et qu'on l'avait refermée. Henriette, entendant marcher quelqu'un dans le caveau, appela ; Edmond ouvrit aussitôt la porte, et trouva lady et sa nourrice ; la première lui raconta tout ce qui lui était arrivé, en lui recommandant le secret. Elle lui fit voir la donation de William : « Elle paraît être écrite, dit-elle, au moment de sa mort ; cependant, qui m'a appelée ? ce ne peut être que William ; mais s'il vit, quel est son projet ? » Edmond ne pouvait le comprendre. Madame Roberson souffrait, et Henriette remit à continuer cette conversation après qu'elle aurait reconduit sa nourrice dans sa chambre, et l'aurait fait panser. Madame Roberson pouvait à peine marcher, son genou était très-enflé ; Edmond et Henriette furent obligés de la porter en quelque sorte sur l'escalier. Ils convinrent tous trois de garder le plus profond silence, et de dire seulement que mad. Roberson, en venant rejoindre miss Herefort, s'était laissée tomber, et qu'elle ne pouvait remonter; que c'était pour cette raison qu'elle n'était point rentrée chez elle, parce que madame Roberson, toujours peureuse à son ordinaire, n'avait jamais voulu rester seule dans la chapelle; que milady avait consenti à rester avec elle, bien sûre que l'on viendrait la chercher. Le chirurgien dit qu'il n'y avait rien de cassé ni de démis, et que madame Roberson ne serait point boiteuse. « Peu m'importe, dit-elle, à présent que Cramps m'a abandonnée. » Car sachant que son maître était mort, et ne voyant pas revenir son mari, elle se persuada qu'il avait oublié les sermens qui l'attachaient à elle; elle chercha donc à oublier un volage, mais elle y pensait toujours malgré elle, car elle trouvait que c'était bien peu de chose qu'une seule nuit depuis dix-huit ans.

Quand miss Herefort fut certaine que sa nourrice n'avait plus besoin d'elle ni de ses soins, et qu'elle l'eut engagée à se tenir tout le jour dans son lit, elle emmena Edmond dans son oratoire, et s'étant enfermée avec lui, elle lui dit : « Convenez, mon cher, que je suis destinée aux évènemens les plus extraordinaires : depuis bien des années, je n'entendais plus parler de William, quand tout à coup Richard le trouve à la cour, et par l'imprudence qu'il fait, en l'invitant à dîner avec le lord Auldei, il est cause de sa mort ; on me l'annonce comme certaine.

» Cette mort, racontée par son meurtrier avec la dernière insensibilité, ajoute à l'éloignement que cet homme me causait, et de là une rupture dont je suis fâchée pour Richard qui aime Edmée. Je passe plusieurs nuits pénibles ; la dernière, ne pouvant rester dans mon lit, avant l'aurore je me rends à la chapelle pour y trouver, dans la prière, quelque tranquillité; mais jugez ce que j'ai dû penser en trouvant l'autel éclairé et cet écrit que l'on y avait posé. Ce témoignage d'un amour si constant, quoique je ne l'aie jamais partagé, ne put cependant me trouver insensible; je vis dans ces dispositions une reconnaissance tacite de mon mariage avec son malheureux frère. Qui le portait à me faire son héritière, pour que son neveu ne fût pas frustré de ses grands biens? Cet acte de justice me toucha; je priais pour son repos, quand ma nourrice est venue me trouver; c'est à cet instant que je me suis entendu appeler; mad. Roberson vous a raconté le reste. J'avoue que je crois que c'est William qui n'a point été tué, mais qui, las de la vie, ou va la terminer en tranchant ses jours, ou se retirer dans un cloître, comme il en a eu le projet. Enfin, quel que soit le sort de cet infortuné, il ne peut être que fort triste;

mais je crois qu'il faut éviter que Richard sache rien de tout ce dont nous venons de nous entretenir : il faut cacheter le testament de William. Je vous prie, mon cher Edmond, de chercher dans la campagne, le plus inepte des paysans que vous pourrez trouver, qui ne vous connaisse point; vous lui direz qu'il apporte cette lettre à Birmingham, et qu'il en aura une grande récompense. Alors, je paraîtrai très-étonnée de ce message; j'en ferai part à mon frère, et comme légataire universelle, je prendrai le deuil, et je ferai faire un service solennel pour les deux frères. » Edmond approuva ce plan, il dit qu'il allait sortir, et qu'avant deux heures elle aurait la lettre.

CHAPITRE LIII.

Quand le messager qu'Edmond envoya sans qu'il en fut connu, arriva au château, Henriette était avec son frère, qui lui parlait d'Edmée, et combien il était affligé qu'elle eût rompu avec son père. Elle parut surprise de recevoir une lettre dont l'écriture lui paraissait inconnue; elle rompit le cachet, qui ne portait ni armes ni devise, et après avoir lu les premières lignes, elle parut frappée d'étonnement; Richard l'interrogea. « O Richard! que vous serez surpris en lisant cet écrit; pauvre William! » Et elle remit à son fils le testament du lord. Richard parut aussi surpris que sa mère; mais trouva cependant que cet évènement était heureux; et que puisque William devait mourir, il valait autant qu'il eût eu la générosité de réparer auprès de miss Herefort, le tort qu'il lui avait fait en étant cause qu'elle ne s'était point mariée. Il lui offrit de retourner à Londres, pour obtenir de la reine le titre que William demandait pour elle à sa majesté. Henriette était peu empressée de jouir de ces vains honneurs, qu'elle trouvait achetés trop cher par la mort des deux frères; malgré cela, elle consentit à laisser partir Richard, qui, avant d'aller à Londres, se rendit au château de Walton, qu'habitaient lord Auldei et sa fille. Il avait su par Francisque qu'Edmée avait beaucoup pleuré, et que son père était d'une humeur massacrante. Richard pensa donc que sa visite ferait quelque diversion à la douleur de sa fille, et qu'il parviendrait à égayer le père en lui faisant part du riche héritage qu'il avait procuré à sa sœur en envoyant William dans l'autre monde; en effet, sa visite fit grand plaisir à lord Auldei, qui commençait à se repentir d'avoir dit qu'il ne reviendrait plus à Birmingham, car il ne pouvait vivre loin d'Henriette; la fortune considérable dont elle devenait maîtresse, ajoutait encore à ses charmes aux yeux de son avare amant, et il résolut d'obtenir sa main à quelque prix que ce fût.

Il pensa qu'il fallait d'abord envoyer sa fille à Henriette, pour la complimenter sur sa nouvelle fortune; pour lui, il se décida à accompagner Richard à Londres. La pauvre Edmée ne demandait pas mieux que d'aller à Birmingham; mais serait-elle reçue? On envoya Francisque avec une lettre pleine de témoignages d'amitié de la part de miss Auldei, prier lady Wilz de lui permettre de venir passer auprès d'elle le temps que son père et lord Richard seraient à Londres. Henriette, qui aimait beaucoup cette jeune personne, et dont le premier mécontentement contre Auldei était moins vif par les raisons que nous avons dites plus haut, fit une réponse aimable, et Edmée partit avec ses demoiselles et les pages de son père, pour se rendre à Birmingham.

Auldei mit à profit le temps qu'ils passèrent en route pour se rendre à Londres ; il parla à Richard de la violente passion qu'il avait pour la belle veuve, assura qu'il mourrait s'il n'était son époux, et dit mille autres folies qui paraissaient extraordinaires à Richard ; car s'il avait un sentiment de préférence pour Edmée, ce n'était pas encore une passion ardente, et son plus vif désir, n'était, comme nous l'avons dit, que pour la liberté et le plaisir; mais comme il n'est pas de mal plus contagieux que le spectacle des passions, celle que lord Auldei avait pour Henriette, développa dans le cœur de Richard, l'amour dont il ne connaissait pas encore toute la force, et qui n'attendait que l'instant d'éclore. Jusqu'à ce moment, Richard trouvait Edmée charmante, mais il pouvait vivre sans elle, tandis que Guillaume disait qu'il mourrait séparé d'Henriette. Petit à petit, Richard, loin de miss Auldei, sentit aussi que la vie perdait une grande partie de ses charmes : le feu qui, d'abord, n'avait fait qu'embrâser son être, devint bientôt un brâsier ardent qui le dévorait, et que Guillaume, qui voulait s'en servir pour obtenir la main de sa sœur, attisait sans cesse.

La reine éprouva une grande satisfaction de savoir Henriette extrêmement riche ; « C'est, dit-elle, la certitude que la plus grande partie de nos sujets échappera à la misère. » D'ailleurs, rien ne rentrait plus dans le plan de cette princesse que de ne laisser sortir aucune grande fortune de son parti pour passer dans celui de la maison d'Yorck. Elle fit expédier les lettres qui permettaient à miss Herefort de porter le titre de milady Wilz, pensant qu'elle aurait une grande satisfaction à porter le nom de son époux. Elle lui écrivit une lettre pleine de bontés, et l'engageait à venir à Londres à présent qu'elle n'avait plus rien à craindre du malheureux William; mais Marguerite ne savait pas que la veuve d'Edgard ne pouvait se résoudre à paraître dans un monde où il n'était pas.

Pendant que Richard était à Londres, Henriette s'occupa avec Edmond, des devoirs qu'elle voulait rendre à Edgard et à son frère. Elle eût bien voulu avoir les restes de son époux, mais elle ignorait où William les avait fait transporter, et elle s'étonnait que voulant lui laisser son immense fortune, il n'eût pas pensé à y joindre celui des trésors qu'elle prisait le plus. Elle avait le projet de faire élever au moins aux deux frères un cénotaphe; son legs universel l'y autorisait; ce monument ne paraîtrait qu'un hommage de sa reconnaissance envers William.

En attendant qu'il pût être exécuté, elle se contenta d'inviter tous les ecclésiastiques du canton pour célébrer un service solennel en mémoire d'Edgard et de son frère; elle destina pour ce jour-là, une très-grosse somme d'argent qui lui avait été apportée par le régisseur des biens de William, comptant la partager entre tous les habitans des villages qui relevaient de la seigneurie de milord Wilz et de celle d'Herefort. Elle fit même présent en secret, au curé de Walton, d'une bourse pleine d'or pour ses paroissiens, que leur seigneur laissait périr de misère; mais ce dont elle s'occupa principalement, ce fut de Fanny et de ses voisins. Cette pauvre femme, depuis que l'homme au javelot ne paraissait plus, n'en était pas moins reçue familièrement au château; Henriette avait placé plusieurs de ses enfans, et elle lui donnait ce qui était nécessaire pour élever les autres qui étaient encore jeunes. Elle pensa, qu'ayant connu William dans sa jeunesse, sa mort lui serait sensible; elle chargea Jenny de l'apprendre avec précaution à cette bonne femme, qui ne put retenir ses larmes en pensant que ces deux beaux enfans, qu'elle avait élevés avec tant de soins sous les yeux de leur mère, n'étaient plus; mais, comme ceux dont les besoins physiques absorbent la plus grande partie pensante de leur être, elle fut consolée de la mort du fils de son ancienne maîtresse, en voyant que sa fortune tombait dans les mains de milady, et elle pensa qu'elle verrait accroître ses bienfaits. Fanny ne s'en rendit pas moins au château avec sa famille, vêtue de deuil, et mêla ses prières à celles qui furent adressées au ciel pour les deux frères; après la cérémonie, Henriette lui remit un sac d'argent, pour être distribué entre ses voisins, lui recommandant de ne pas s'oublier, ce dont elle était capable, et la congédia, pour remettre aux pasteurs ce qu'elle destinait à leurs brebis.

Cette journée, qui rappela à Henriette de si tristes souvenirs, fut extrêmement fatigante pour elle, et la força à remettre à quelques jours, le projet qu'elle avait depuis long-temps de visiter les souterrains avec Edmond; elle voulait employer à cette recherche le temps de l'absence de Richard; le séjour d'Edmée à Birmingham ne la gênait point, elle l'avait prévenue, dès le lendemain de son arrivée, qu'ayant une immensité d'affaires relatives à l'administration des biens de son frère, et à sa mise en possession de ceux de la maison de Wilz, elle ne pouvait la voir avant l'heure du dîner; qu'elle aurait soin que son déjeuner fût à son goût et à l'heure qui lui conviendrait. Ainsi, Henriette s'était ménagé une entière liberté pendant la matinée.

Comme elle était très-active, et que presque toujours elle se levait avec le soleil, elle avait le temps de faire beaucoup de choses, et surtout de veiller à tout ce qui se passait dans son château. Ayant donné la veille ses ordres pour le lendemain, elle dit à Edmond qu'elle avait besoin de lui de très-grand matin ; et dès cinq heures, elle descendit, avec ce digne ami, dans la chapelle, où ils ne remarquèrent rien d'extraordinaire.

Edmond passe le premier pour éclairer les degrés qui conduisent au caveau, et comme l'humidité qui règne sous ces voûtes, appesantit l'air, la clarté de la lampe en est obscurcie, et on distingue si peu les objets, qu'il vint se frapper, en entrant, contre une tombe qui se trouva dans son chemin, et qu'il ne se rappelait pas devoir y être. Milady approche et fait un cri ; cette tombe a été posée depuis le jour qu'elle est descendue dans le caveau, et elle ne peut méconnaître quels sont les ossemens qu'elle renferme.

Ce sarcophage, de marbre noir, est posé sur quatre griffes de lion, en bronze, et porte cette épitaphe :

Ci-gisent WILLIAM *et* EDGARD,

Unis, dès le berceau, d'une amitié sincère,
Leurs jours coulaient alors dans le sein du bonheur,
Quand l'un et l'autre frère,
Épris du même objet, ressentit même ardeur;
De cette passion chacun fut la victime;
Ne pouvant être heureux sans crime,
La douleur de leurs jours éteignit le flambeau,
Et les a réunis dans ce même tombeau.

« Ah ! mon Dieu, dit-elle, comment a-t-on pu être instruit de mes tristes désirs; comment les a-t-on si promptement accomplis; et si William, comme l'annonce cette inscription, est descendu chez les morts, comment peut-il de là faire exécuter ses volontés ? Mon cher Edmond, quelqu'éloignée que je sois de toute idée superstitieuse, il m'est impossible de ne pas croire qu'il y a ici des opérations surnaturelles : comment cette tombe se trouve-t-elle là ; par où les ouvriers ont-ils pénétré dans ce caveau ? — Il n'y a aucun doute, reprit Edmond, qu'il se trouve ici une ouverture secrète, qui était connue de William durant sa vie, qui l'est, selon toute apparence, de quelqu'un à qui il a confié le secret en mourant ; mais où est-elle ? Voulez-vous que je fasse sauter le plancher ? on peut facilement le creuser, et alors en déplaçant les tombes.... — *Gardez-vous-en bien,* » dit une voix qui semblait sortir d'une d'elles, et qui causa à Henriette une si grande frayeur, qu'elle tomba presqu'évanouie dans les bras d'Edmond, qui l'empêcha de se fendre la tête contre le tombeau des seigneurs Wilz, en la relevant au moment où elle avait entendu la voix. « Eh bien ! dit-elle, vous voyez que je ne me suis pas trompée, et que nous sommes ici sous l'influence des génies supérieurs, dont nous avons à redouter toute la puissance. » Edmond n'osa dire tout ce qu'il pensait, il ne voulait point exposer sa chère maîtresse. Cependant, cette voix ne lui est point inconnue ; s'il n'y eut à craindre que pour lui, il eût aussitôt fait briser les tombes pour savoir si elles ne renfermaient pas quelqu'issue mystérieuse ; mais comment proposer cette mesure après l'avertissement qui, suivant Henriette, venait des génies infernaux, qui défendaient d'y toucher ; d'ailleurs, une de ces tombes renfermait les cendres du père et de la mère de milady ; jamais elle ne consentirait à ce qu'on les troublât ; il ne restait donc plus rien à faire. Henriette voulait néanmoins suivre cette galerie où s'était abîmée l'ombre qu'elle avait poursuivie ; Edmond lui représenta que dans l'état de préoccupation où elle était, il y avait à craindre que le moindre objet qui la frapperait ne lui parût redoutable. Milady, qui crut trouver dans ces paroles un reproche de sa faiblesse, soutint, au contraire, qu'elle n'avait nulle frayeur, et s'obstina à parcourir la galerie souterraine. Edmond se soumit, quoiqu'à regret, à sa volonté ; il ouvrit la porte, prit des précautions pour qu'elle ne se refermât pas, et offrant son bras à Henriette, ils parcoururent un assez long espace sans rien remarquer d'extraordinaire ; Henriette croyait même avoir dépassé l'endroit où la figure humaine ou aérienne qu'elle avait vue, semblait être rentrée sous terre ; quand une fumée noire, épaisse, et répandant une odeur sulfureuse qui ôtait la respiration, annonça que l'on approchait de la communication des souterrains inconnus avec la galerie où étaient Henriette et Edmond. Celui-ci suppliait milady de rebrousser chemin, quand, tout à coup, il sortit de terre une flamme si brillante, que l'on ne pouvait la fixer, et au milieu parut l'ombre de William, revêtue d'une draperie blanche. Henriette ne put résister à son effroi, et perdit entièrement connaissance; Edmond la transporta jusqu'à la porte du caveau, et l'ayant posée près de la tombe de milord Herefort, il referma avec grand soin la porte, en disant : « Dieu me préserve de la rouvrir; » et la même voix dit : « *Vous ferez bien.* » Puis, ne pouvant monter seul milady, il se détermina à aller chercher du secours; il appela Jenny et le chirurgien, disant que milady ayant voulu absolument descendre dans cette cave, elle s'y était trouvée mal.

Jenny et le docteur étaient si occupés d'Henriette, qu'ils ne firent nulle attention à la tombe qui y avait été posée nouvellement, et ainsi il restait à milady

Wilz la liberté de dire ou de ne pas dire, comme elle voudrait, ce qui avait trait à cette terrible apparition. On eut toutes les peines du monde à la faire revenir, et il semblait que sa raison était troublée ; elle disait : « Oui, je l'ai vu, c'est bien lui ; quels regards menaçans il m'a lancés. Edmond, que jamais son nom ne soit prononcé ! Qu'ai-je dit, mes amis, ne croyez pas à mes discours ; la fièvre... le délire.... une grande frayeur.... ont aliéné ma raison ; mais elle reviendra, ne m'en parlez pas, ni à personne. » Puis elle tomba dans un profond sommeil.

Edmée, qui était venue dans la chambre d'Henriette aussitôt qu'on l'y avait transportée, partageait les soins d'Alworty, de sa compagne et de Jenny, car madame Roberson était toujours très-souffrante de sa blessure. Pendant son sommeil, miss Auldei resta près du lit de milady, attendant avec la plus grande impatience qu'elle se réveillât pour être sûre que ses idées étaient devenues distinctes. Edmond ne quitta pas non plus la chambre d'Henriette ; il repassait dans son esprit tout ce qu'il avait vu, il en cherchait en vain la cause, et finissait, tant on était ignorant dans ces temps-là, par croire l'apparition miraculeuse. Enfin, Henriette ouvrit les yeux ; elle paraissait revenir d'un long voyage ; elle regardait tout ce qui l'entourait avec un grand intérêt ; sa physionomie était calme, et le sourire errait sur ses lèvres. « Vous m'avez donc cru bien mal, mes amis, pour vous être ainsi rassemblés autour de mon lit ; mais, heureusement, vous vous êtes trompés, car je me porte bien, et je crois que l'état où je me suis trouvée n'est autre qu'un rêve pénible. » On feignit d'en être persuadé.

Henriette s'étant levée, ne parut, en effet, avoir aucunes souffrances physiques ; mais au moral, elle se trouvait fort malheureuse, car elle reprit peu à peu le souvenir de tout ce qui s'était passé dans les souterrains; elle ne savait plus si elle continuerait à habiter Birmingham, où il lui paraissait que les esprits malfaisans avaient la volonté constante de la tourmenter; mais se rappelant aussitôt que les auteurs de ses jours y reposaient; qu'on lui avait rendu les cendres d'Edgard; que c'était dans cette chapelle mystérieuse qu'elle avait reçu ses sermens, et qu'enfin les seuls momens d'une volupté pure qu'elle eût goûtés, c'était à Birmingham, elle rejeta l'idée de s'éloigner du berceau de son enfance et de celui de son fils; seulement, elle fut plusieurs mois sans visiter les sombres demeures, et éloignant d'elle tous les sujets de crainte qu'elle y avait éprouvés, elle chercha à goûter, avec sa jolie voisine, les plaisirs qu'offrent la campagne et les arts.

Edmée aimait sincèrement Henriette, elle n'eût pas été la sœur de Richard qu'elle ne lui aurait pas été moins chère; elle parlait quelquefois à Henriette de l'amour que son père avait pour elle : « Pensez donc, lui disait-elle, combien il serait doux de nous trouver réunies par ce double lien. Privée de ma mère à l'âge le plus tendre, je ne me souviens pas d'avoir reçu ses douces caresses ; mais si vous étiez la compagne de mon père, vous remplaceriez ce que le sort m'a enlevé. Oui, j'aurais pour vous le respect et l'amour d'une fille : chère lady, consentez à couronner les vœux de lord Auldei ; je vous jure que d'être votre fille est le premier motif qui me fait désirer cette union. Il en est un autre dont il ne me convient pas de parler; mais enfin, serait-il un crime à vos yeux? vous qui aimez si tendrement Richard, seriez-vous offensée qu'il eût pu me toucher, et que, persuadée comme je dois l'être, que mon père ne consentira pas à mon mariage avec lord Herefort, si vous aussi, milady, ne lui accordez votre main, je désirasse que vous vous laissiez attendrir. — Je sens, ma chère Edmée, toutes vos raisons ; il en faudrait beaucoup moins pour me déterminer, s'il n'y avait pas entre moi et le lord Auldei une opposition si extrême, que rien ne pourra la vaincre. J'espère toutefois que votre père renoncera à la condition qu'il a annoncée, et qu'il consentira à votre mariage avec mon frère. Je donne tout ce que je possède, pourvu qu'on me laisse libre. »

Edmée ne savait comment témoigner sa reconnaissance à Henriette des sacrifices qu'elle était disposée à faire pour rendre son frère le plus riche parti de l'Angleterre, et à déterminer ainsi lord Auldei à lui donner sa fille; elle se flattait, connaissant la passion de Guillaume pour l'argent, qu'il accepterait tout ce que lady proposerait; Henriette ne s'imaginait pas que le lord, qui n'avait rien aimé jusque-là, aurait pour elle un sentiment supérieur à son amour de l'or; et elle calculait que dix mille livres sterlings de revenu qu'il assurerait dans sa maison, vaudraient bien la peine d'y faire attention. « Avec cette fortune, disait-elle, dont il aurait l'usufruit, il pourrait trouver des beautés moins sévères que moi. — Je ne sais, reprenait Edmée, mais soit qu'il n'en ait pas encore rencontré, soit qu'il vous restât fidèle, il répète sans cesse qu'il ne peut être heureux que par vous, ma chère lady. »

Cette conversation ajouta encore à la tendre amitié que ces dames s'étaient jurée, et jamais Edmée n'avait été si heureuse que depuis qu'elle était à Birmingham; elle éprouva un grand chagrin lorsqu'elle reçut un ordre de son père qui l'appelait à Londres. « Que me veut-il, disait-elle; quel est son projet? jamais il n'a voulu, excepté, milady, pour venir chez vous, consentir à ce que je fisse aucune visite dans le canton, et il me fait venir à Londres; mon Dieu! si c'était pour me marier à un autre qu'à Richard, que je serais malheureuse ! — Pourquoi vous figurez-vous cela ? je crois bien plutôt que c'est pour savoir si vous aimez Richard, et lorsqu'il en sera certain, il fera part de ses projets à la reine, et ce sera cette princesse qui les mettra à exécution, en vous mariant avec mon frère. — Hélas ! répartit Henriette en soupirant, comment se fait-il que cette manière de voir qui devrait me tranquilliser, ne me rassure point, et je suis persuadée que je serai très-malheureuse à Londres. Si, au moins, vous y veniez; si c'était vous qui me présentassiez à la reine, je serais moins tourmentée. »

Henriette la rassura le plus qu'il lui fut possible, en lui vantant l'extrême bonté de Marguerite; enfin, elle s'occupa d'un soin très-important, celui de la toilette. Lord Auldei, pour la première fois de sa vie, avait envoyé à Edmée mille guinées, pour acheter les robes, les dentelles dont elle aurait besoin pour paraître à la cour. Ce fut milady Wilz qui s'en occupa : on fit venir d'Herefort les plus belles étoffes que l'on y trouva, et Henriette présida au choix des couleurs qui faisaient valoir la beauté du teint d'Edmée. Milady exigea que miss Auldei lui permît de lui prêter ses diamans, et comme elle faisait quelques difficultés, milady lui dit : « Est-ce que vous ne voulez pas que ces parures soient à vous un jour ? » et Edmée fut bien obligée d'y consentir. Il fallut plus de quinze jours pour faire les parures de la jeune miss ; Henriette l'engagea, la veille de son départ, à se parer comme elle le serait le jour de sa présentation, et milady fut frappée de la beauté de la fille d'Auldei : celle-ci renouvela ses instances pour engager Henriette à venir à Londres avec elle ; mais, fidèle à la loi qu'elle s'était imposée, rien ne put la déterminer à quitter Birmingham.

Elle vit le jour du départ de sa chère Edmée avec beaucoup plus de regrets, peut-être, qu'Edmée n'en avait de s'éloigner de Birmingham, car elle espérait voir Richard; elle promit à milady de lui écrire tout ce qu'elle verrait à la cour; et après avoir assuré son intéressante amie qu'elle viendrait la rejoindre le plutôt possible, elle monta un superbe palefroi que son père lui avait envoyé, et suivie de ses demoiselles, elle partit pour Londres.

Richard, qui savait par Francisque qu'Edmée arrivait, alla au-devant d'elle; et ces tendres amans, enchantés de se revoir, oublièrent d'abord les sujets de crainte qu'ils avaient, pour ne s'occuper que du plaisir d'être ensemble; ils retenaient l'ardeur de leurs coursiers, qui un moment avant n'allaient pas assez vite à leur gré, pour profiter, le plus qu'ils le pourraient, du bonheur de s'entretenir.

Edmée allait descendre chez une vieille lady, parente de son père, et c'était elle qui devait la présenter à la cour; quelle différence, si c'eût été milady Wilz. Richard se plaignit que l'humeur sauvage de sa sœur le privait de tout le charme de la société. « A quoi lui sert sa fortune ? — A vous l'offrir, ingrat, pour déterminer mon père à nous unir.» Richard sentit qu'il avait tort; mais il n'y avait qu'Edmée qui eût osé le lui dire. Ils se séparèrent peu de temps avant d'arriver à Londres, et Edmée vint chez sa vieille parente où son père l'attendait. La marquise de Wirley fit mille accueils à miss Auldei, et dit qu'elle serait fière de la présenter à la reine.

Le jour de la présentation était fixé pour le lendemain. La reine fut frappée de sa beauté, plus encore de sa modestie ; elle désira se l'attacher, et comme c'était ce que demandait Auldei, il y consentit avec empressement. Richard ne put voir avec autant de plaisir les chaînes imposées à celle qu'il aimait ; il ne la rencontrait seule qu'avec une extrême difficulté. Se voir en public quand on aime bien, c'est bien peu de chose ; et quoiqu'il ne pût pas douter qu'elle le préférât à ses rivaux, le nombre en fut bientôt si grand, que Richard se sentait le plus malheureux des hommes, et regrettait la solitude où il avait commencé à ressentir les premières étincelles d'un feu qui le consumait.

Milady Wilz ne voyait presque plus son frère ; il était sans cesse à Londres pour y voir Edmée, ou avec lord Auldei pour chercher à lui devenir nécessaire, et le déterminer à lui donner sa fille ; mais le lord disait toujours à Herefort : « Faites que votre sœur réponde à mon amour, et je vous donne Edmée. » Et cependant Richard n'avait nulle espérance d'obtenir que sa sœur donnât sa main à Auldei, dont le caractère était en opposition parfaite avec le sien. « Je trouve très-bien, disait-elle, à Richard, que vous demandiez la main d'Edmée; je voudrais que lord Auldei vous l'accordât, j'aimerais beaucoup ma belle-sœur; mais je mourrai libre, et je ne quitterai jamais le nom de Wilz, qui m'est bien cher. » Richard, irrité des refus de sa sœur, la quittait, et retournait à Londres voir Edmée, ou à Walton, où il chassait tout le jour avec Auldei, quoiqu'il eût bien mieux aimé passer son temps près d'Edmée.

Parmi les soupirans de cette belle personne, Auldei ne vit pas avec indifférence le fils du marquis de Redchilh, qui, après Herefort, était un des plus riches seigneurs d'Angleterre; et quoique Guillaume tînt uniquement à se servir de l'amour de Richard pour obtenir

Henriette et sa fortune, car il était aussi amoureux de l'un que de l'autre, il parut écouter avec plaisir les propositions que ce marquis lui fit afin d'obtenir pour son fils la main d'Edmée ; car il croyait que c'était un moyen de rendre plus vive la la passion de celui-ci pour sa fille, en excitant sa jalousie.

En conséquence de ce nouveau système, Auldei qui voulait porter Richard aux dernières extrémités, ordonna à sa fille de recevoir les soins du fils du marquis, les rigueurs d'Henriette l'ayant entièrement fait changer d'avis. Ce terrible arrêt porta la mort dans le cœur d'Edmée ; elle en fit part à son amant dans une lettre qu'elle chargea Francisque de lui remettre. Richard furieux et ne se possédant point partit aussitôt pour Birmingham, afin de reprocher à Henriette qu'elle voulait sa mort, puisque par ses refus réitérés elle avait entièrement rebuté le lord Auldei. — « Vous tenez ma destinée dans vos mains, vous dites que vous m'aimez, et vous vous obstinez à vouloir mon malheur ; d'un mot vous me rendriez le plus fortuné des hommes. — D'un mot je me rendrais la plus malheureuse de tout mon sexe; je suis libre, je veux conserver ma liberté et rien ne me fera changer de résolution. » Richard désespéré disait à celle qu'il croyait sa sœur, les choses les plus dures. Elle ne daigna pas seulement lui répondre, et il quitta Birmingham la rage dans le cœur. Richard revit Edmée, et sa profonde tristesse lui prouvait au moins qu'elle partageait ses sentimens ; et elle fit dire au lord Herefort par Francisque, qu'elle cherchait tous les moyens d'obtenir le consentement de son père, en déterminant Henriette à l'épouser ; qu'elle avait fait confidence à la reine de leurs amours, et de l'obstacle que l'on opposait à son bonheur ; et que la reine avait eu l'extrême bonté de lui promettre d'employer auprès d'Henriette le crédit qu'elle avait sur son esprit.

Marguerite écrivit à milady Wilz, que puisqu'il était impossible de lui faire quitter ses anciennes murailles, elle irait passer quelque tems chez elle avec le prince de Galles, qui voulait connaître les fameux souterrains de Birmingham. Il n'était pas possible qu'Henriette refusât un tel honneur, quoiqu'elle se doutât bien que c'était une nouvelle persécution, pour l'engager à accorder sa main à Guillaume. Richard revint quelques jours avant l'arrivée de la reine, et aida sa sœur à tout préparer pour que cette princesse fût reçue avec toute la magnificence qui convenait à son rang. Il devait y avoir une grande chasse qui rappella à Henriette celle qui fut cause de tous ses malheurs.

Au jour dit, la reine vint avec le prince de Galles, le duc de Buckingham, le lord Auldei, sa fille, et plusieurs dames et officiers de marque de la cour. Il y avait deux ans que milady Wilz n'avait vu Edmée ; elle la trouva encore embellie et toujours aussi caressante avec elle, et elle regretta vivement de ne pouvoir la donner pour épouse à son fils sans enchaîner son sort à celui d'un homme qu'elle n'aimait point, qui n'avait pour lui qu'une belle figure, mais dont le cœur était dur, excepté pour lui et l'argent; et quand même elle n'eût pas cru devoir aux mânes de son époux de ne pas passer à d'autres nôces, il lui eût été impossible de porter le nom d'Auldey.

Telles étaient les réflexions qu'elle fit en revoyant Edmée: Richard en paraissait plus que jamais épris. Henriette connaissait la violence de ses passions, et elle n'ignorait pas qu'une fois majeur, il aurait sur elle, n'étant point marié, un empire absolu. Mais elle se flattait qu'il lui serait facile de s'y soustraire, en quittant à cet instant son château, et se retirant dans un couvent, d'où il n'oserait pas venir l'arracher. Aussi quelque chose que pût lui dire la reine, elle fut inébranlable dans sa résolution. Elle disait à Edmée les choses les plus flatteuses, et s'affligeait de ne pouvoir assurer le bonheur de son fils; mais elle ajoutait: « Un sentiment que je ne puis définir enchaîne ma volonté; il me semble que si je promettais ma main au lord Auldei, je serais parjure. Ne vaudrait-il pas bien mieux, disait-elle à la reine, que votre majesté employât son autorité sur le lord Auldei, pour qu'il consentît au mariage de mon frère et d'Edmée ? Si c'est ma fortune qu'il desire, je ne conserverai que celle que mon père m'avait laissée, elle me suffit; je donnerai les biens de la maison Wilz à mon frère; il laissera à lord Auldei la jouissance du château et des terres de Walton. Je resterai avec mon frère et sa compagne, et sir Auldei peut en trouver une qui le rende heureux, tandis que je suis certaine que nous ne pouvons nous convenir.

La reine trouva cette proposition très raisonnable, et elle en fit part au lord, mais il la rejeta avec emportement. « Quoi, dit-il, peut-on croire que la fortune de milady Wilz entre pour rien dans le désir que j'ai d'être son époux ? non, elle serait la plus pauvre des demoiselles d'Angleterre, que je la préférerais à la plus riche héritière ; et d'ailleurs si j'étais attaché aux richesses, les propositions que me fait votre majesté, rempliraient mal mes vues ; car ne gardant que l'usufruit de Walton, ce que décemment ma fille et son mari, dans tout état de cause, ne peuvent me refuser, j'aurais toujours du moins les biens de Wilz et la dot que le lord Herefort a constituée pour sa fille. — Ah ! c'est vrai, dit la reine en souriant, je n'y pensais pas », et elle se hâta de faire appeler Henriette. Dès qu'elle la vit, elle lui dit : il ne veut pas non seulement, parce que, dit-il, il vous adore, mais parce qu'il y perdrait toujours; que tous les avantages que vous lui faites, n'étant que des jouissances temporaires, elles ne peuvent valoir celles qu'il aurait en vous épousant. Enfin, cette âme sordide, sans avoir la chaleur de l'amour en aura la ténacité, et il est bien certain qu'il faut que Richard renonce à la main d'Edmée, si vous n'accordez pas la vôtre à Guillaume : je n'ai aucun droit pour le forcer à donner son consentement; l'autorité paternelle est au-dessus de celle des rois. — Il se lassera peut-être avant moi, reprit Henriette, et le plus grand regret que j'éprouve, c'est de résister aux volontés de ma souveraine; j'espère, au moins, que cela ne me fera pas perdre ses bontés. » Marguerite l'en assura et ne lui parla plus de rien.

Edouard n'avait pas oublié qu'une des raisons qui l'avaient engagé à venir à Birmingham, était d'en voir les souterrains, et il demanda à milady Wilz d'y descendre : elle y consentit avec peine ; mais cependant elle ne voulut point contrarier le prince, et elle donna ordre que l'on illuminât la galerie souterraine, où autrefois on avait formé une avenue en y plaçant des arbres en caisse d'une très-grande hauteur ; mais lorsqu'on avait fermé l'entrée, l'air extérieur n'y communiquant plus, les arbres moururent ; ce qui ôtait une très-grande beauté à ces longues voûtes. On se contenta de les sabler et d'y poser des candélabres avec des flambeaux de pure cire qui les éclairait. Le prince trouva l'entrée de ces tombes fort triste ; il lut avec étonnement l'épitaphe des deux frères. Milady ne dit point comment ce tombeau se trouvait placé. On ouvrit la porte qui communiquait du caveau dans l'appartement que milady s'était réservé, et qui avait conservé les meubles somptueux qui s'y trouvaient quand Marguerite l'avait occupé.

Quelques mots que Marguerite dit à Henriette réveillèrent dans son ame de bien douloureux souvenirs, et S. M. voyant couler ses larmes, lui dit avec bonté : « Chaque état de la vie a ses peines et son bonheur. Croyez-vous, ma chère Henriette, que le repos dont je parais jouir bannit de mon cœur des alarmes, qui peut-être se réaliseront un jour. Combien de fois j'ai desiré votre situation, qui paraît plus douloureuse que la mienne ! Au moins ici vous êtes à l'abri des révolutions politiques; il vous sera toujours libre de prendre, dans quelque gouvernement que ce soit, le parti qui vous conviendra, rien ne pouvant vous forcer dans vos murailles, tandis que le Tam vous met à l'abri de la famine. Mais moi, mais mon fils, qui me dit qu'un conspirateur n'a pas juré notre perte? Quand je pense que c'est le duc de Clarence qui a renversé Edouard du trône, où il paraissait affermi, qui me dit qu'un jour.... »

Le prince de Galles, qui était empressé de parcourir les souterrains, interrompit cette conversation, et demanda s'il n'avait à voir que le caveau et cet appartement. — « Il y a beaucoup de galeries, dont plusieurs sont entièrement comblées, d'autres dont on ne connaît point l'embranchement, et qu'on n'a pas osé parcourir, dans la crainte d'y trouver des puits dont la surface paraîtrait solide, et dans lesquels on risquerait de tomber lorsqu'on marcherait dessus. D'ailleurs, monseigneur, je ne crois pas, disait Edmond à qui le prince parlait, qu'on y trouve rien de bien curieux. » En disant cela, il passait le premier pour ouvrir la porte, et on le suivit. Cette galerie, entièrement illuminée, parut à Edouard présenter un fort beau coup-d'œil; on la suivait avec une parfaite sécurité. On était arrivé à plus des trois quarts, quand tout-à-coup les flambeaux s'éteignent, et l'on voit sortir de la terre une quantité prodigieuse d'étincelles qui jetaient une lueur bleuâtre et une odeur sulfurique, et les empêchaient d'avancer. Elles ne brûlaient point, mais piquaient comme fait le grésil lorsqu'il est lancé par une forte bise.

Edouard qui donnait le bras à Richard, parut étonné de ce prodige, et cependant voulut s'avancer ; mais les étincelles devinrent si multipliées, qu'il fut impossible de les traverser. « J'avoue, dit Edouard, que je n'ai jamais rien vu de semblable. — Ni moi non plus, reprit Richard ; mais je parie que si on fonçait l'épée à la main au milieu de ces lumières phosphoriques, on verrait que ce n'est autre chose que des exhalaisons enflammées. » On entendit à l'instant une détonation très-forte, et qui parut ébranler les voûtes. Marguerite se fâcha très-sérieusement de l'obstination de son fils, et lui dit : « Si vous n'étiez qu'un simple particulier, vous auriez tort d'exposer inutilement votre vie ; à bien plus forte raison, vous ne devez pas risquer une existence qui ne vous appartient pas, mais à l'état. — C'est un bien peu solide, reprit le prince en souriant ; car, sans s'exposer ici à des secousses volcaniques, notre vie est environnée de périls. — Voilà justement pourquoi nous ne devons point aller au devant de ceux que nous pouvons éviter. » Et à l'instant même la reine retourna sur ses pas.

Le prince, accompagné de Richard, s'avança alors au travers des étincelles : mais, ô terreur ! ils disparurent aussitôt. La reine, effrayée par les cris qu'elle entend, revient, et ne voyant plus son fils, ni Henriette son frère, elles éprouvèrent toutes deux la plus cruelle douleur, car c'était dans des cœurs maternels qu'elle retentissait. On eut toutes les peines du monde à les retenir ; elles voulaient s'élancer au milieu des flammes dans l'abîme où ils avaient été engloutis. En vain la reine ordonnait que l'on fît des fouilles pour y pénétrer ; aussitôt qu'on s'approchait du gouffre, les flammes sortaient avec plus de violence. Enfin, l'air se chargeait d'exhalaisons volcaniques tellement fortes, qu'il n'était plus possible d'y résister. Malgré les cris, les pleurs de la reine et d'Henriette, on les enleva de ces tristes voûtes, où la reine se reprochait bien d'être descendue. Henriette mourante avait encore bien plus de remords de n'avoir pas prévenu la reine de ce qui se passait dans ces souterrains depuis tant d'années ; elle tremblait que S. M. lui demandât s'il était vrai qu'elle n'eût aucune idée de ces terribles explosions, car il fallait ou mentir ou s'avouer coupable. Heureusement pour elle, la reine n'eut pas même la pensée de l'interroger, persuadée que cet évènement avait été imprévu, et qu'Henriette n'avait eu aucune raison de le craindre. D'ailleurs la mort de Richard, car on ne doutait pas qu'il n'eût péri avec le prince de Galles, la justifiait de reste, puisque l'on ne pouvait imaginer qu'elle eût exposé les jours d'un frère qui lui était si cher.

On n'entendait que pleurs et gémissemens dans le château. La reine était dans son lit avec une fièvre nerveuse qui causait les plus vives alarmes. Henriette, dont rien ne pouvait modérer la douleur, avait cependant le courage d'être debout dans la chambre de la reine. Edmée, qui craignait que son père ne lui reprochât son extrême sensibilité sur le sort de Richard, faisait tous ses efforts pour qu'on ne crût point qu'elle y prenait un intérêt trop vif. L'une et l'autre prodiguaient à Marguerite les plus tendres soins. Milady n'était pas cependant aussi désespérée que la reine : elle avait quelques raisons de croire que l'on n'en voulait point aux jours du prince de Galles, et encore moins à ceux de Richard; mais elle n'osait faire passer cette consolation dans le cœur de la reine, car elle ne le pouvait qu'en trahissant son secret.

Trois heures se passèrent ainsi, pendant lesquelles la reine fut au plus mal. On avait envoyé un courier au lord Sommerset, qui était resté à Londres près du roi. On lui mandait le malheur affreux qui venait d'arriver, et on le priait de venir et d'amener avec lui le médecin de la reine et son aumônier. Le ministre au désespoir d'un semblable évènement, se souvint combien ces souterrains avaient été funestes, trouva qu'il avait eu grande raison, quand il avait fait l'impossible pour empêcher la reine de venir à Birmingham dans un moment où il n'était pas sans inquiétude à cause des mouvemens politiques auxquels Marguerite ne voulait pas croire. Il ne perdit pas un moment pour rejoindre la reine et aviser au moyen d'apprendre cette cruelle nouvelle au roi, de manière à ne pas lui causer une révolution dangereuse.

CHAPITRE LIV.

Le premier ministre venait d'arriver, et sa vue renouvela toutes les douleurs de la reine ; elle ne pouvait lui parler, tant ses sanglots étouffaient sa voix. Henriette, non moins malheureuse, quoiqu'elle n'eût pas une certitude aussi réelle de son infortune qu'était celle de la reine, se trouvait dans le plus grand accablement : les emportemens du ministre ne servaient pas à ramener la paix dans le cœur de ces mères infortunées, lorsque les portes de la chambre de la reine s'ouvrent, et on annonce le prince de Galles ; c'était en effet Edouard tenant Richard par la main. « Eh bien ! dit-il avec la gaîté qu'il avait reçue de la nature, vous vous désolez, mesdames, et de quoi ? nous voilà très-bien portans et ayant vu des choses si belles, si surprenantes, que je ne regrette que le chagrin que la reine et milady ont éprouvé; du reste, je puis vous assurer qu'il ne nous est pas arrivé le moindre mal. » La reine n'interrompait pas son fils, car elle ne l'entendait point; l'excès de la joie qui succède à celui de la douleur, pourrait être mortel, et elle lui avait causé un tel saisissement, que l'on craignit un moment qu'il ne fût dangereux; mais cet état inquiétant ne dura pas, et on la vit bientôt ouvrir les yeux, et les porter, avec l'amour le plus tendre, sur son fils. Comme elle le serrait contre son sein; comme elle lui prodiguait les plus douces caresses, sans l'interroger sur les phénomènes qui l'avaient soustrait à leurs regards! Henriette couvrait aussi son frère de baisers, et remerciait le ciel, qui lui avait donné le pressentiment que Richard existait encore, et qu'elle le reverrait; car sans cette pensée, lord Herefort n'aurait plus eu à son retour, qu'à pleurer la mort de sa sœur.

Le premier moment passé, chacun demanda avec beaucoup d'empressement à Richard, comment ils étaient revenus du gouffre où on les avait vu tomber? Edouard prit la parole, et dit : « C'est moi qui veux vous en instruire; mais avant de vous raconter ces événemens merveilleux, il est nécessaire que nous changions d'habits, car tout ce qui est tant soit peu infernal a toujours une odeur de soufre, qui n'est nullement agréable; du reste, on est tout aussi bien dans les entrailles de la terre que sur les montagnes :

» Les esprits dont on nous fait peur,
Sont les meilleures gens du monde. »

Si ce n'est pas précisément ces vers, que Grétry a mis en musique, dont Edouard se servit pour exprimer sa pensée, au moins, est-ce ainsi qu'il l'avait conçue. La tranquillité dont ils paraissaient jouir l'un et l'autre, leur parfaite sécurité, changèrent les gémissemens en actions de grâces, et on attendit avec une grande impatience, le récit du prince; il passa, ainsi que Richard, dans son appartement pour changer d'habits, qui avaient réellement reçu l'impression des flammes; leurs cheveux et leur barbe avaient aussi été un peu roussis, de sorte qu'ils avaient besoin de quelques instans pour s'occuper de leur toilette.

Pendant ce temps, leurs mères ne cessaient de bénir le ciel de leur avoir rendu des êtres qui leur étaient si chers; car quoique l'on ne sût pas que Richard était le fils d'Henriette, on n'était point étonné de la voir si sensible à la mort d'un frère qu'elle avait élevé, et qui était le seul être pour lequel elle tînt à la vie. Si Edmée avait eu la force de modérer les transports de sa douleur, au moment où elle avait vu s'anéantir toute espérance de bonheur pour elle en perdant Richard, elle n'eut pas le même empire sur la joie que son retour lui causa; elle s'était évanouie à l'instant où elle l'aperçut, et fut bien honteuse en rouvrant les yeux, de se rappeler que c'était la vue de Richard qui lui avait causé cet accident; mais au moins elle était sûre qu'il existait. Elle se souvenait qu'il avait paru sensible à l'état où sa vue l'avait réduite; ainsi, au regret d'avoir témoigné trop d'amour pour son cher Richard, succéda le plaisir de savoir qu'elle en était tendrement aimée, et qu'il était sorti d'un très-grand péril sans avoir éprouvé le moindre accident; d'ailleurs, elle était, comme tout ce qui habitait le château, fort curieuse d'entendre le récit de cette singulière aventure, et elle se hâta de passer chez la reine, car au moment de son évanouissement, on l'avait portée dans son appartement. Le cercle, chez sa majesté, était nombreux; le prince de

Galles et Richard ne tardèrent pas à s'y rendre : dès que l'on vit entrer le prince, on fit silence; il se plaça sur le pied du lit de la reine, ordonna que l'on s'assît, et il commença en ces termes :

« J'avais parfaitement remarqué que les étincelles qui s'élevaient de terre ne pouvaient être produites que par la poudre que l'on jetait continuellement dans un fourneau, et qu'il ne fallait que se résoudre à se brûler un peu la barbe pour avancer et découvrir l'effet de cette prétendue sorcellerie. Richard qui aime aussi ce qui est bisarre, ne demanda pas mieux de me suivre. Nous sautâmes légèrement au milieu du feu; mais la terre manqua tout-à-coup sous nos pieds, et par le moyen d'une bascule, nous nous trouvâmes à plus de quarante pieds plus bas que l'ouverture par laquelle nous étions entrés dans ces lieux de ténèbres. Il faut en convenir, malheur à nous si la nuit nous eût fait peur, car on ne voyait aucune clarté : nous nous soutenions l'un et l'autre pour ne pas tomber. La planche sur laquelle nous étions, présentait peu de largeur; je ne savais quand elle s'arrêterait, et je m'attendais à aller faire une visite à Pluton dans son noir royaume. Enfin nous nous trouvâmes sur un terrain solide, mais toujours dans les plus profondes ténèbres. Eh bien ! Richard, que penses-tu, dis-je à mon compagnon ? — Que nous sommes, monseigneur, enterrés vifs, ce qui n'est pas très-agréable. — Tu mets les choses au pis, et moi je t'assure que nous nous en tirerons. Je n'avais pas dit cela, que j'entends marcher auprès de moi, et voulant aller au devant de ceux qui selon toute apparence nous approchaient, je trouvai qu'il y avait entre eux et nous une porte fermée. Je frappai comme s'il eût été tout simple que l'on nous ouvrît, et en effet cette porte céda au premier instant où je la poussai, et nous nous trouvâmes

dans une galerie très-bien éclairée et meublée avec élégance, où était un très-grand et très-beau portrait de femme....
— En connaissez-vous l'original ? dit la reine. — Votre majesté me permettra de ne répondre à aucune question. Nous nous promenâmes environ un quart-d'heure dans cette grande et belle pièce, et nous faisions d'assez singulières réflexions quand notre attention fut fixée par un mouvement que nous entendîmes dans un paneau de la boiserie qui s'ouvrit, et nous vîmes en place un miroir sur lequel était tracé ce billet :

» Il en est encore tems ; si votre al-
» tesse craint, elle peut reprendre la
» voiture qui l'a conduite ici, et nul au-
» tre mortel n'y pénétrera vivant. Si au
» contraire la curiosité vous porte l'un
» et l'autre au désir de savoir qui nous
» sommes, vous en êtes bien les maîtres ;
» mais il faut avant tout, jurer par Mar-
» guerite et Henriette, que vous ne ré-

» vélerez jamais ce secret à lady Wilz ;
» pas même dans les plus terribles tor-
» tures ; et si vous manquez à la parole
» que nous vous demandons, votre mort
» est certaine, et celle de Richard. »

» Comme il ne nous paraissait pas difficile de nous taire, nous prêtâmes le serment demandé à haute et intelligible voix. Aussitôt, une porte s'ouvre, et deux chevaliers paraissent avec l'écharpe rouge ; ils mettent un genou en terre devant moi, je les relève ; puis ils prennent Richard dans leurs bras, et le serrent contre leur cœur avec les démonstrations d'une vive amitié. Ils nous conduisent dans des appartemens magnifiques, où l'on nous servit un très-beau repas dans des plats de vermeil. Ce singulier séjour renferme tout ce qui peut rendre la vie délicieuse ; hors la lumière qui n'y pénètre jamais, je dis celle que donnent les astres, car il est éclairé avec profusion. Après le dîner, où je les forçai de prendre place, l'un des chevaliers m'entretint seul assez long-temps, l'autre parla à Richard avec beaucoup de chaleur : nous rappelâmes à ces mystérieux personnages que vous deviez être inquiètes, ils en convinrent, mais ils voulurent nous faire voir leurs jardins ; ils nous assurèrent que, puisque nous voulions les quitter, ils nous en procureraient les moyens, mais à condition que nous garderions religieusement le secret sur la route par laquelle nous rentrerions au château : quand on a fait un serment, on en fait ensuite tant qu'on en demande. Nous nous promenâmes quelque temps dans les jardins, qui étonnent par les brillantes couleurs des fleurs et leur admirable parfum ; on m'en offrit un bouquet et un à Richard : je vous prie, dit-il à la reine de l'accepter ; Richard mit le sien aux pieds d'Edmée. — Je ne sais, dit Marguerite, si ces fleurs ne sont pas ensorcelées. — Je ne crois pas, reprit Edouard ; du reste, j'ai oublié de vous dire que des deux chevaliers je n'en connais qu'un ; l'autre ne m'a parlé que le casque en tête et la visière baissée. Enfin, il n'est aucun doute que ce sont des hommes riches et portant des noms recommandables. Voilà tout ce que je puis vous dire : j'ajouterai que quelque bien meublé que soit le château de lady, il n'y a aucune comparaison avec la somptuosité de ces souterrains, où il paraît que ces illustres chevaliers se sont ensevelis pour y jouir en paix des charmes que procurent l'amitié, les sciences et les arts. »

Le prince se tut, et on l'écoutait encore, parce que l'on ne trouvait pas qu'il eût dit ce qu'on voulait savoir. Henriette seule semblait avoir pénétré une partie de ce mystère ; en entendant ce récit, les larmes mouillaient ses paupières ; il ne la rendit donc pas plus heureuse ; d'ailleurs, elle n'avait pas plus de désir que les princes de donner le fil de ces singuliers événemens ; aussi, garda-t-elle le plus profond silence. La reine comme ceux qui ont la puissance, jura qu'elle en saurait davantage ; et offensée de trouver un obstacle au desir qu'elle avait de savoir qui étaient ces hommes, elle dit qu'elle allait faire investir tous les environs de Birmingham à trois et quatre lieues à la ronde ; faire faire des fouilles et des chemins sous terre dans tous les rayons, et que, bien certainement, on arriverait jusqu'à ces mystérieux personnages, qui ne pouvaient être que des conspirateurs. Edouard dit, « qu'il ne voyait point la raison qui pouvait donner le droit de tourmenter des êtres qui, cachés sous terre, y vivaient sans nuire à personne; car on peut souvent ignorer le bien, mais jamais le mal ; la voix de la reconnaissance est faible, celle du mécontentement se fait entendre d'un bout de la terre à l'autre : si ces hommes faisaient du mal, il y a long-temps que l'on s'en serait plaint, et cependant ce n'est que d'aujourd'hui qu'on les connaît. — Mon fils, tant que le roi votre père vivra, c'est à lui seul de savoir ce qui est nécessaire ou non pour la sûreté de ses états ; je vais retourner à Londres ; j'y rendrai compte à S. M. de la relation que vous m'avez faite, et nous aviserons aux moyens qu'il convient d'employer dans cette circonstance ; mais ils seront si efficaces, que je vous jure que vous serez délivré de votre serment, et que ce secret qu'il vous plaît de garder contre le salut du royaume, sera divulgué avant qu'il soit un mois. — Je ne puis m'y opposer ; mais je ne puis non plus voir une telle résolution sans un vif chagrin. Faites surveiller les environs, que l'on s'assure s'il ne se forme pas des attroupemens dans les souterrains ; si ceux qui passent dans la forêt n'y sont pas rencontrés par des gens armés qui les obligent à prendre une autre route. Ces précautions sont nécessaires; mais troubler l'asile d'infortunés, qui ont sûrement bien à se plaindre de la société, puisqu'ils ont préféré de se priver de la lumière du soleil plutôt que de rester au milieu des humains!... — Et qui vous a dit qu'ils ne ne sont pas venus se cacher dans les entrailles de la terre, pour éviter le châtiment de quelque grand crime? — Ah! ma mère, pouvez-vous avoir cette idée? tout annonce en eux la dignité de leur être; on ne s'exprime pas avec plus de noblesse, et en parlant de la vertu, ils la feraient aimer à ceux qui seraient assez malheureux pour en méconnaître le charme. — Allons, je le veux bien, ce sont des êtres parfaits, même au-dessus de l'espèce humaine; mais qu'importe? plus ils ont de mérite, plus ils se doivent à l'état; et c'est un devoir pour moi de les attirer à ma cour; enfin, c'est un parti pris. » Sommerset et le duc de Buckingham l'appuyèrent, et Henriette éleva inutilement la voix pour ces hommes à qui on ne pouvait reprocher que de se soustraire aux regards de leurs concitoyens; mais la reine n'y fit aucune attention. « D'ailleurs, ajoutait-elle, vous dites que ces hommes (car elle ne voulait jamais leur donner le titre de chevaliers) ne sont point coupables, et n'est-ce pas l'être que d'avoir osé s'emparer de l'héritier présomptif de la couronne; de l'avoir tenu prisonnier sous leurs voûtes, qui, toutes brillantes qu'elles sont ou puissent être, n'en sont pas moins de vastes prisons? Croyez-vous, en outre, que ceux qui veulent persuader qu'ils sont des génies malfaisans, pour écarter d'eux les humains; qui emploient mille moyens artificieux pour accréditer de faux prodiges, ne soient pas coupables? d'ailleurs, quand ils seront arrêtés, on les jugera, et s'ils parviennent à se justifier, ce que je ne crois pas, ils seront remis en liberté. »

Henriette hésitait si elle n'apprendrait pas à la reine ce qu'elle savait de l'existence d'un de ces chevaliers, qu'elle croyait bien n'être autre que l'homme au javelot; mais elle était aussi liée par ses sermens, moyen que, trop souvent, les scélérats emploient pour enchaîner les hommes honnêtes, et les empêcher de les faire connaître aux magistrats; elle se tut donc, mais il est certain que les mesures projetées par la reine lui donnaient de vives inquiétudes, et elle cherchait les moyens de faire prévenir ces infortunés, pour qu'ils se missent à couvert de la persécution qu'ils s'étaient attirée par leur attentat sur la personne du prince de Galles. Elle ne connaissait aucune manière d'y parvenir, si ce n'était par son fils, qui seul aurait pu lui ouvrir le chemin jusqu'à eux; mais elle était sûre que rien ne lui ferait trahir son serment; quelque chose, cependant, la rassurait, c'était la magnanimité du jeune prince, qui, sûrement, les défendrait de tout son pouvoir.

Mais à quoi servent les inquiétudes de l'avenir? c'est là une des maladies de l'esprit humain, dont on ne parviendra pas à le guérir : Henriette croit voir les troupes de Marguerite envahir les souterrains, et en tirer ceux qui les habitaient, pour les conduire à la Tour; et pendant qu'elle tremble pour elle, des calamités, au moins aussi douloureuses, attendent la reine, et s'opposeront à ses desseins, tandis que ceux pour qui elle craint n'ont rien à redouter; je l'ai dit, je le répète, jouissons avec modération du présent, sans regrets inutiles du passé, et surtout sans crainte de l'avenir.

CHAPITRE LV.

Quand les nations sont livrées aux factions, le repos dont elles jouissent est quelquefois peu solide, et l'on marche long-temps sur des volcans en se croyant hors de tout danger. Telle était l'Angleterre au moment où la reine, en partant de Birmingham, se pressait d'arriver à Londres pour envoyer de là investir les souterrains où elle se figurait qu'étaient cachés des conspirateurs; mais avant de raconter les périls les plus réels et les malheurs de cette grande reine, il faut reprendre de plus haut les événemens politiques qui amenèrent l'affreuse catastrophe que nous décrirons à son temps.

La reine, au moment où elle était rentrée dans tout l'exercice de son pouvoir, avait eu la politique de sembler, en quelque sorte, ne le tenir que du comte de Warwick. Elle n'en fit pas de même pour le duc de Clarence ; sa conduite lui avait paru si extraordinaire, qu'elle le soupçonnait toujours de quelque dessein caché, et croyait qu'il n'avait renversé son frère du trône que pour y monter plus facilement : elle le comblait d'honneurs, mais ne lui laissait nulle autorité dans le gouvernement. Le duc, blessé au fond du cœur de l'ingratitude de la reine, avait juré de s'en venger, mais il fallait attendre du temps des circonstances favorables, et surtout trouver le moyen de se réconcilier avec son frère, ce qui paraissait le plus difficile ; mais à quoi ne parvient pas une politique rusée et patiente ?

Edouard, après la perte de la bataille qui lui ôta la couronne, passa sur le continent, et vint mendier des secours à la cour du duc de Bourgogne, tandis que sa femme, qui était restée à Londres, consentit à quitter le titre de reine, prit celui de duchesse d'Yorck, et se retira dans une maison de campagne à quelques milles de la capitale, où elle vécut sans regret d'un rang que sa beauté lui avait fait obtenir, sans jamais avoir fait son bonheur ; et la belle Elizabeth Woodville trouva beaucoup plus de jouissances dans la retraite, qu'elle n'en avait jamais goûté avec son volage époux. La reine, toujours grande et généreuse, eut soin qu'Elizabeth eût une existence calme et indépendante.

Après avoir rempli ce devoir, Marguerite s'occupa à réunir les rameaux dispersés de la branche de Lancastre ; elle les attira à la cour, les combla de faveurs, et leur donna à eux et à tout ce qui leur était attaché, des marques constantes de l'intérêt qu'ils lui inspiraient. Sommerset était toujours tout puissant ; la reine n'oubliait pas les services qu'elle avait reçus d'Excester, et elle lui en marquait sa reconnaissance dans toutes les circonstances; mais personne ne reçut plus de témoignages de distinction que le comte de Pembrock, frère utérin du roi; lui et son neveu, le duc de Richemont, furent ceux qui eurent le plus de part à ses faveurs : on rapporte un fait que je n'atteste pas.

En parlant du duc de Richemont, on raconte que ce jeune prince avait été élevé dans les montagnes du pays de Galles, où sa mère l'avait tenu caché avec le plus grand soin pendant les années qu'Edouard fut sur le trône; elle n'avait pu lui donner une éducation digne de son rang, mais la nature y avait suppléé. C'était le prince le plus accompli; beauté, noble fierté, esprit, adresse, il avait reçu tous les dons qui font chérir dans la paix et craindre dans la guerre : il parut à la cour, et chacun s'étonnait que, n'ayant reçu qu'une éducation sauvage, il n'en fût pas moins le plus aima-

5.

ble prince que l'on pût rencontrer; et on assure que Henri, lorsqu'il lui fut présenté, fut tellement frappé de la noblesse de ses manières, qu'il éleva les yeux au ciel dans une sorte d'exaltation prophétique, et s'écria : « C'est celui-là qui terminera les querelles des deux branches d'Yorck et de Lancastre, dont il confondra les intérêts. » L'histoire fera connaître la vérité de cette prophétie, à moins que, comme tant d'autres, elle n'ait été écrite après l'événement, ou n'ait été faite pour servir d'aiguillon à celui à qui elle était adressée, ce qui arrive souvent. Il est à présumer que le saint roi Henri aurait été forcé par une puissance supérieure à annoncer un événement qui ne pouvait que l'affliger sensiblement, car il aimait tendrement son fils, et devait se flatter qu'il lui succéderait. La reine n'en doutait pas; et elle ne prit peut-être pas tant de soins à ne point aigrir ses ennemis, qu'elle en mettait à flatter ses amis. Elle avait eu à se plaindre de la duchesse d'Exester, sœur du duc de Clarence, qui était mal avec son mari, parce que, pendant le temps de la disgrâce du duc sous Edouard, elle s'était fait donner la jouissance de tous ses biens, que la reine lui fit enlever pour les rendre au duc, croyant par-là la forcer à avoir recours à elle ou à son époux ; mais la duchesse préféra l'indigence aux humiliantes sollicitations qu'elle eût été obligée de faire pour rentrer en grâce à la cour ; elle se retira dans un quartier de Londres, vivant des prêts que lui faisaient des bourgeois de cette ville, restés attachés à Edouard, et fomentant en secret les germes de sédition qu'elle espérait voir éclore un jour.

Tous les historiens s'accordent à dire qu'Edouard était très-aimé des femmes de Londres, et ce n'est pas aussi indifférent qu'on l'imagine : ce sexe, si faible en apparence, a reçu de la nature des armes bien puissantes ; épouses et mères elles tiennent les cœurs de tous les hommes en âge de faire les révolutions, et les préparent avec une patience et une ténacité qui finissent toujours par arriver au but qu'elles se proposent.

La duchesse affectait une extrême popularité ; elle causait familièrement avec toutes les femmes qui se trouvaient sur ses pas, et leur parlait d'Edouard ; beaucoup avaient des raisons particulières de le regretter, et elles n'étaient pas celles qui, en trompant leurs maris sur leurs motifs d'attachement à la maison d'Yorck, avaient le moins de moyens de se faire écouter, parce qu'elles étaient jeunes et belles. Ainsi se préparait dans le silence une explosion terrible, dont Marguerite ne se doutait pas ; d'ailleurs, la clémence était devenue une de ses vertus, elle la devait à ses longs malheurs ; elle en tirait une gloire qu'elle préférait à l'éclat de ses victoires ; aussi, recevait-elle avec bonté tous ceux qui se présentaient à la cour, quels qu'eussent été, non seulement leurs sentimens, mais même leur conduite pendant le règne de l'usurpateur; et ainsi on voyait sa cour se grossir de tous ses ennemis, qu'elle osait croire changés d'opinion, car leurs respects apparens cachaient à ses yeux les projets de vengeance qu'ils nourrissaient dans leurs cœurs.

Warwick partageait la sécurité de la reine; il entretenait des espions à la cour du duc de Bourgogne, et ils lui rapportaient que le duc traitait fort mal Edouard, et l'avait forcé de quitter la Flandre, pour se retirer en Hollande. La France et l'Angleterre n'avaient jamais été dans une plus parfaite intelligence. Tranquille au-dehors, ne voyant aucun sujet de crainte au-dedans, la reine se livrait aux douceurs de la paix, et disait : « Depuis vingt-six ans que je règne, voilà le premier instant où je puis jouir d'une tranquillité parfaite. »

C'était dans ces circonstances que l'événement des souterrains de Birmingham lui rappela qu'elle pouvait encore rencontrer des ennemis cachés. Elle était donc, en partant de chez milady Wilz, entièrement décidée à pénétrer dans ces sombres demeures, et à étouffer une conjuration dont elle croyait que ces galeries étaient le centre, en enlevant les téméraires qui avaient osé braver son autorité, et faire couler ses larmes sur le sort de son fils. La reine ne put cependant se rendre directement à Londres, parce que Auldei la supplia de se détourner de quelques milles pour venir à Walton, où il voulait lui donner une fête; Edmée se joignit à son père pour la supplier de leur faire cet honneur; et Marguerite y consentit, étonnée que l'avare Auldei pût se résoudre à faire une aussi grande dépense. Cependant, il faut convenir qu'il s'était surpassé, et que Francisque, à qui il avait laissé le soin de l'ordonnance de la fête, s'en était acquitté avec une véritable magnificence. Tous les gentilshommes des environs et leurs femmes s'y trouvèrent, et vinrent au-devant de la reine et du prince de Galles, qu'ils conduisirent dans les grandes galeries du château. Le duc de Buckingham, à qui il avait long-temps appartenu avant qu'il le donnât à sa filleule, les avait fait décorer avec un grand luxe. Un repas somptueux était préparé; il fut suivi de courses de bagues, de joûtes, et la journée finit par un bal où Edmée et Richard eurent le prix de la beauté et des grâces. Comme on était au printemps, et qu'il faisait jour dès six heures du matin, on convint que l'on ne se coucherait pas, et que l'on partirait au soleil levé, pour reprendre le chemin de Londres. Un grand déjeuner est commandé, et la compagnie allait monter à cheval, quand on vit arriver, dans la cour du château de Walton, un courrier dont le cheval était blanc d'écume; il avait été chercher la reine à Birmingham, et ne l'ayant pas rencontrée, il était venu à toute bride la demander à Walton. C'était Warwick qui l'avait dépêché, et lui avait recommandé de ne pas perdre un moment, de crever autant de chevaux qu'il en faudrait pour arriver le plutôt possible. Un courrier de Warwick avec des ordres si prompts fit croire à Marguerite que le roi, qu'elle avait laissé sous la garde du comte, se mourait.

Elle passa aussitôt, avec le prince de Galles, Sommerset, le duc de Buckingham, lord Auldei et Richard, dans une chambre, où elle défendit de laisser entrer qui que ce fût; elle tenait le paquet qui lui était adressé, et n'osait en quelque sorte l'ouvrir; ses mains tremblaient en rompant le cachet ; mais la lettre échappa de ses mains, et elle s'écria : « Edouard est débarqué à Ravensbourg ! — Edouard débarqué, dit Sommerset, est-il possible ? » On lut la lettre ; elle portait en effet que l'usurpateur était arrivé en Angleterre avec 2000 hommes. Il était bien clair qu'il était certain d'être soutenu ; mais qui avait pu lui donner cette assurance, si ce n'était le duc de Clarence ?

Vingt fois le comte de Warwick, et ceux qui composaient le conseil d'état, avaient engagé la reine à le faire arrêter ; elle avait toujours rejeté cette mesure, comme une action d'une ingratitude qu'elle ne pourrait se pardonner ; mais quand elle lut la lettre de Montaigu, qui était jointe à celle du comte de Warwick, et qui l'exhortait principalement à se défier du duc de Clarence, elle ne vit plus en lui qu'un perfide qui l'avait fait servir à ses desseins, dont on ignorait encore le but,

Une relation assez détaillée donnait connaissance de quelle manière les agens diplomatiques de la reine et du comte de Warwick avaient été trompés. Le duc de Bourgogne avait adopté cette politique astucieuse de Louis XI, que beaucoup de souverains avaient apprise de lui; et lorsque le duc traitait extérieurement Edouard avec une froideur presque insultante, qu'il lui refusait tout secours d'hommes et d'argent, il autorisait secrètement un armateur puissamment riche, à fournir à Edouard quatre vaisseaux que l'on fit charger d'armes de toute espèce; puis il fit donner des ordres secrets au sieur Grootheuse, Irlandais, de louer douze vaisseaux, qui étaient montés par des Esterliens, espèce de pirates qui appartenaient à ceux qui les payaient le mieux, et ils promirent de rester pendant quinze jours à portée de la côte, afin que, si cette tentative ne réussissait pas, Edouard pût regagner le continent sans danger; et le duc de Bourgogne, pour tromper d'autant mieux Marguerite, fit publier une ordonnance qui défendait à ses sujets d'aider Edouard, ni d'hommes, ni d'armes, ni d'argent.

Au premier effroi que cette nouvelle avait causé à la reine, succédèrent des motifs de se rassurer : Montaigu pouvait, en très-peu de temps, rassembler une armée dans le nord de l'Angleterre; elle se croyait assurée de l'amour des habitans de Londres, et elle pensa que ce qu'elle avait de mieux à faire était d'y retourner; d'examiner la conduite du duc de Clarence; savoir si on devait se fier à lui, ou le faire arrêter. Le prince de Galles sentit ce premier aiguillon de gloire qui lui faisait préférer dans cet instant de se voir disputer sa couronne à en être tranquille possesseur; et s'adressant à Richard, il lui disait : « Nous les verrons de près. — Oui, monseigneur, répondit-il, et nous les forcerons à abandonner leurs coupables projets. — Partons, ma mère, dit le prince, partons, sachons jusqu'où le duc a porté la perfidie. »

Comme presque tout ce qui était à Walton était très-attaché à la reine et à la maison de Lancastre, il fut convenu qu'on leur ferait part de l'apparition d'Edouard sur les côtes, et qu'on s'assurerait d'eux pour faire des levées dans leurs terres. On envoya Francisque à Birmingham, et on le chargea de dire à Edmond que Richard l'attendait à Coventry, où on fixa le lieu du rendez-vous, avec tout ce qu'il pourrait rassembler d'hommes en état de porter les armes.

Je n'ai pas besoin de dire tout ce qu'Henriette éprouva en apprenant cette fâcheuse nouvelle; la crainte des dangers que son fils allait courir, la glaçait d'effroi, et elle se trouvait doublement malheureuse des maux dont l'état était menacé et des périls qui allaient environner ce qu'elle avait de plus cher; encore, si Edmée lui était restée, sa société eût adouci ses inquiétudes; mais la reine avait emmené cette jeune personne avec elle; ainsi, cette veuve infortunée, séparée de tout ce qui lui était cher, se voyait encore enlever même le respectable Edmond; cependant elle était bien aise qu'il rejoignît Richard, pensant qu'il l'empêcherait de s'exposer témérairement. Au moment où il partit, elle lui dit tout ce qu'un cœur aussi tendre que celui d'Henriette pouvait sentir dans cette triste situation. Elle lui donna des reliques que son père avait rapportées de la Terre-sainte, et qu'il avait toujours eues sur lui dans les affaires les plus chaudes où il s'était trouvé, sans avoir été blessé (1); elle suppliait son fils de les porter pour l'amour d'elle; elle lui donna aussi du baume de la Mecque, pour le guérir si, malgré les amulettes, il était blessé. Enfin, elle lui recommandait de guider son jeune courage; elle ajoutait : « Vous savez, Edmond, s'il doit m'être cher. » Et il l'assura qu'il le lui ramènerait victorieux et plein de vie.

Depuis cet instant, Henriette ne trouvait quelque repos qu'au pied de l'autel de la reconnaissance; mais elle n'osait y venir le soir, encore moins la nuit, et toujours elle s'y faisait accompagner de miss Alworty et de madame Roberson; elle craignait, et peut-être désirait-elle d'y rencontrer encore quelques prodi-

---

(1) Il ne les avait donc point, quand l'homme au javelot lui fit une blessure dont les suites l'ont fait descendre au tombeau ? je n'en sais rien.

ges. Quand l'imagination s'est livrée aux idées surnaturelles, on a bien de la peine à s'en passer : il en est pour les esprits exaltés comme pour ceux qui, s'étant trop accoutumés aux parfums, ne sentent que les odeurs les plus fortes ; Henriette remontait chaque jour plus triste, n'ayant rien trouvé qui l'assurât que l'homme mystérieux existait encore ; car s'il a cessé d'être, c'est encore un lien de brisé, et qui ne sait que pour un cœur sensible,

Vivre, c'est sentir ?

Oui, la douleur même vaut mieux que le néant ; mais où s'égare mon imagination ? je me crois transportée sous les voûtes de la triste chapelle avec mon Henriette ; je ressens ses peines, ses douloureux plaisirs, et ignorant comme elle le sort qui l'attend, je partage ses pénibles anxiétés ; mais il faut m'arracher d'auprès d'elle, et suivre Marguerite à Londres.

CHAPITRE LVI.

Le premier soin de la reine fut de faire venir le duc de Clarence, et l'emmenant avec le comte de Warwick, dans une embrâsure de croisée, elle lui reprocha sa trahison, et lui dit : « qu'il n'y avait aucun doute qu'il avait été instruit des projets d'Edouard, qui n'eût pas risqué de venir avec 2000 hommes seulement, s'exposer à une perte certaine, s'il n'était pas appuyé par un parti dont sûrement le duc était le chef. » Warwick voyait tellement se peindre sur la figure de ce prince toute la scélératesse de son âme, qu'il fut au moment d'éteindre dans son sang, cette fatale conjuration ; mais il fut retenu par la présence de la reine, et laissa au duc le temps de chercher un moyen de prouver son innocence, qui, pour tout autre que Marguerite, en eût été un de démontrer jusqu'à quel point il était criminel.

« Vous pouvez me croire, dit-il, capable de vous trahir, pour rétablir sur le trône un roi que j'ai mortellement offensé ! si je puis à peine vous faire croire à mon attachement, vous, madame, qui, j'ose le dire, me devez la couronne, que doit penser celui à qui je l'ai ôtée ? mais vous faut-il une preuve plus forte; faut-il élever entre moi et mon frère une barrière que rien ne pourra franchir ? mon neveu, le fils unique de mon frère, est resté sous ma garde, eh bien ! je vais à l'instant plonger ce fer dans son sein ; croirez-vous alors que je puis espérer qu'Édouard me pardonnerait ? — Que dites-vous ? s'écria la reine au premier mot qu'il prononça de cet horrible projet, gardez-vous bien de faire périr un innocent pour prouver que vous l'êtes ; j'aime bien mieux vous en croire. » Et elle porta la confiance au point de lui donner le soin de lever des troupes dans les provinces du midi, tandis que Montaigu en levait au nord. Warwick, qui fut loin de juger le discours du duc de la même manière que la reine, pensa que ce scélérat, en proposant d'égorger le fils unique de son frère, avait la seule intention de se rapprocher d'un degré du trône, et il vit avec douleur que la reine ne prît pas le seul parti raisonnable qui lui restât, celui de l'envoyer à la Tour.

Cependant, Edouard, qui n'avait pas trouvé, en débarquant, l'enthousiasme qu'il avait espéré, chercha à gagner du temps en s'annonçant, non comme un roi qui vient réclamer la couronne dont on l'a injustement dépouillé, mais comme le chef d'une branche de la famille royale, dont on a confisqué les biens; et ne prenant, comme sa femme, que le nom d'Yorck, il demandait la restitution de ce qui lui appartenait comme duc de ce nom. Cette modération ne lui fit pas de nombreux partisans, mais ne lui attira pas non plus des ennemis redoutables : il ne parlait du roi qu'avec respect, et paraissait n'être qu'un sujet fidèle. C'est sous ces apparences trompeuses qu'il se fit ouvrir les portes de la ville d'Yorck ; mais il ne put y demeurer, et reçut seulement des secours d'argent, qui lui suffirent pour former l'audacieux projet de se rendre à Londres, afin, disait-il, de demander au parlement qu'il lui fît rendre les biens de sa maison.

On aurait cru qu'il n'y avait autre chose à faire que de s'opposer à sa marche, de l'attaquer lui et sa faible escorte ; mais Warwick ne voulait rien risquer ; c'était de ce premier combat que dépendait le succès de la campagne : il voulait, au contraire, l'investir de tous côtés ; tomber sur lui et sa troupe, les tailler en pièces de manière qu'il n'en restât pas vestige. Il attendait le duc de Clarence à Coventry, avec les 12000 hommes qu'il avait enrôlés. La reine et le prince de Galles étaient sortis de Londres pour passer en revue les levées dans les environs de la capitale. Montaigu accourait des frontières d'Ecosse, avec un corps considérable. Enfin, tout faisait croire que ce fatal différend serait terminé dans très-peu de temps, quand on apprit que le duc de Clarence, mettant enfin au jour ses criminels desseins, avait livré à Edouard le corps d'armée qu'il avait paru lever pour Henri, auquel corps d'armée se joignit bientôt ce qui, dans la province, était resté attaché à Edouard; et continuant sa marche, il arriva devant la capitale, disant qu'il avait battu Warwick et Sommerset; alors, ceux que la duchesse d'Exester avait secrètement gagnés à son frère, obtinrent qu'on lui ouvrît les portes. Il s'empara d'abord de la personne du roi, qu'il fit reconduire dans la même chambre où il avait été enfermé pendant sept ans ; et ce malheureux prince, triste jouet des vicissitudes du sort, se soumit encore à celle que la Providence lui destinait ; résignation admirable dans un chrétien, mais qui ne fera jamais un grand monarque.

Warwick, furieux d'avoir cédé aux volontés de la reine, jura qu'il s'ensevelirait sous un monceau de cadavres, ou qu'il trancherait les jours du traître duc de Clarence : ce qui le mettait au désespoir, c'est que Montaigu ne pouvait le joindre que dans quatre à cinq jours ; pendant ce temps, combien la révolte pouvait faire de progrès ! La reine était très-inquiète du sort du roi ; elle voulait retourner à Londres avec ce qu'elle avait de troupes, qui, malgré la défection de celles du duc de Clarence, étaient encore assez considérables ; mais Warwick exigea qu'on attendît Montaigu.

On était campé à Coventry : le prince

de Galles et Richard, assis devant la tente du prince, s'entretenaient de la trahison du duc, quand ils virent arriver un chevalier couvert d'armes bronzées; son bouclier ne porte ni armes, ni devise; son casque n'a ni plumes, ni aigrette; son écharpe seule annonce qu'il est du parti de Lancastre : il approche du prince et se fait reconnaître pour l'un des chevaliers des souterrains; il témoigna à Richard sa satisfaction de le voir près du fils de Marguerite; et depuis ce moment, il ne se sépare point d'eux. La reine demande qui il est; son fils lui répond : « C'est un de ces chevaliers qui se dévouent aux causes justes, et servent Dieu, la beauté et l'honneur, mais qui ne disent jamais leur nom. » La reine, très-occupée de l'importance de ses projets, n'en demanda pas davantage.

Edouard n'apprit pas sans quelque crainte que Warwick marchait sur Londres avec le prince de Galles et une puissante armée. Il ne voulut point attendre dans les murailles que l'on vînt l'attaquer, il en sortit, et forçant sa marche pour ne pas laisser à l'armée de la reine le temps de se grossir, les deux armées se rencontrèrent à Barnet (1). C'était là que devait finir la gloire de la branche de Lancastre, et entraîner dans sa chûte celle des plus nobles de ses défenseurs. Edouard, qui avait l'âme dure et féroce, sans respect pour le malheur et la vieillesse, porta l'inhumanité jusqu'à faire sortir de la Tour le malheureux Henri, et l'ayant fait mettre dans une voiture, il le traîna à sa suite, voulant le rendre témoin de la défaite de son parti, ou l'immoler à sa vengeance si la reine était victorieuse. Cette vue enflamma de rage les défenseurs de la reine et du prince de Galles ; que ne

---

(1) 14 avril 1471.

voulaient-ils pas faire pour arracher des mains d'un barbare ce malheureux roi; tandis que ceux du parti d'Edouard s'excitaient encore plus à vaincre, dans l'idée qu'après avoir porté si loin l'outrage envers la personne sacrée du roi, ils n'avaient point de grâce à attendre. Jamais bataille ne fut plus meurtrière; elle commença aux premiers rayons du jour, et dura jusqu'à midi.

L'armée de Warwick, quoique inférieure en nombre, commença l'attaque avec une telle furie que l'on dut croire qu'elle serait victorieuse; mais Edouard qui possédait des qualités qui font un général, ne se laissa point abattre par cet échec, et ayant habilement disposé son arrière-garde, il tomba avec elle sur les troupes du comte de Warwick, qu'il mit en désordre; celui-ci se hâta de soutenir les siens, et accourut avec des troupes fraîches; mais par un de ces accidens qui paraissent en eux-mêmes si indifférens, et dont le ciel dispose pour remplir ses desseins, il arriva qu'il portait ce jour-là sur sa cuirasse une étoile que ses gens prirent pour le soleil qui distinguait l'armure d'Edouard ; alors se croyant attaqués, quand, au contraire, on venait à leur secours, ils tournèrent leurs armes contre leurs défenseurs. En vain Warwick, qui les avait tant de fois conduits à la victoire, voulait se faire reconnaître, un brouillard qui s'éleva à cet instant ne lui en laissa pas la possibilité ; alors ce héros, qui voyait que la perte de son parti était certaine, ne chercha plus qu'à vendre chèrement sa vie, et tomba percé de coups. Rien n'arrêta plus l'affreux carnage que le champ de bataille offrit. Edouard, le cruel Edouard criait : point de quartier ; et il se flattait qu'aucun des chefs, et surtout le prince de Galles, n'échapperaient à ses farouches soldats.

Cependant, il ne put recueillir qu'une

partie de la gloire qu'il s'était promise. Le prince, que Richard et le chevalier inconnu n'avaient point quitté, fut enlevé par eux et conduit à l'abbaye de Beaulieu, où la reine s'était retirée avec Edmée. Là, se réunirent les débris de la garde royale. Sommerset et le comte d'Oxfort avaient aussi trouvé le moyen d'échapper à la mort; le duc d'Exester, moins heureux, reçut un coup de lance, qui l'étendit sur le champ de bataille, où il demeura tout le jour. La fraîcheur de la nuit le rappela à la vie, et malgré sa blessure, qui était profonde, il gagna à la faveur des ténèbres une cabane, où une pauvre femme, qui était très-attachée à la reine et dont elle recevait des secours, prit soin de lui. Il passa plusieurs jours caché chez cette paysanne, et se réunit aux débris de l'armée.

Edouard, vainqueur, fit reconduire Henri à la Tour; et, par un rafinement de cruauté, il ordonna qu'on lui répondit, quand il s'informerait des nouvelles de sa famille, qu'il ne s'était échappé aucun de ceux qui la composaient, et que c'était par un excès de générosité qu'il lui laissait la vie. Ce malheureux prince s'écria, comme Job : « Seigneur, vous me les aviez donnés, vous me les avez ôtés. » Et il se soumit, comme il avait toujours fait, à sa cruelle destinée.

CHAPITRE LVII.

Edouard avait peu à redouter d'un vieillard que ses longs malheurs avaient presque rendu imbécile. Il n'en était pas de même de la reine et de son fils. Il connaissait le génie de cette princesse magnanime; il savait tout ce dont elle était capable pour relever son parti dans les situations les plus désespérées. Il s'occupa donc de la faire poursuivre et d'empêcher qu'elle quittât l'Angleterre pour aller chercher des secours en France, ou qu'elle ralliât le peu de troupes qui étaient restées, auxquelles beaucoup d'autres pouvaient se joindre. Ayant su qu'elles étaient à Beaulieu, il détacha huit mille hommes sous la conduite du lord Stanley, qui peut-être trouvait un assez grand plaisir à se venger du tort que la reine lui avait fait en empêchant son mariage avec Henriette. Il alla jusqu'à Dorchester, et ayant eu la confirmation que la reine et son fils étaient à l'abbaye, et que le duc de Sommerset en était parti avec presque toute la garde de la reine, regardant cette entreprise comme très-facile, il ne prit avec lui que mille hommes. Mais un ami de la reine, ayant pénétré ses desseins, donna assez promptement avis à Marguerite, qu'elle était poursuivie, pour que cette princesse et son fils fussent déjà loin de l'abbaye lorsque lord Stanley y arriva. Les saintes filles qui l'habitaient, l'assurèrent que la reine en était partie dès le lendemain de son arrivée. Stanley, qui était au désespoir d'avoir manqué son coup, sans respect pour la clôture, entra dans la maison, suivi des officiers de son détachement, chercha dans les lieux les plus secrets; et n'ayant trouvé ni la reine ni le prince, se vengea sur les pauvres religieuses en les condamnant à une forte contribution comme châtiment, pour avoir donné asile à des rebelles : car c'est ainsi que, dans l'armée d'Edouard, on qualifiait non-seulement les lancastriens, mais même la reine et son fils.

Cependant, Marguerite n'avait point encore décidé le parti qu'elle prendrait, si elle passerait en France pour y obtenir des secours, ou tenterait une seconde bataille. Le premier parti convenait mieux à sa tendresse pour son fils, mais le jeune prince le regardait comme ne pouvant lui convenir ; fuir devant son ennemi lui paraissait une action indigne du sang qui coulait dans ses veines. Sommerset qui, par la mort de Warwick, se trouvait appelé à la première place dans le gouvernement, flatté de l'idée de relever le parti expirant de la maison de Lancastre, appuyait les résolutions du prince de tout le crédit qu'il avait sur l'esprit de la reine ; Pembrook, Auldei et Richard étaient persuadés que c'était le seul convenable dans la position des choses ; que c'étaient ceux qui abandonnaient la lice qui étaient vaincus ou censé l'être ; que pendant l'absence de la reine et du prince, le zèle de leurs partisans se refroidirait, et que se croyant abandonnés, ils chercheraient, par leur soumission, à calmer la colère du farouche Edouard. Tous promirent d'amener à Bath, où la reine s'était retirée, un nombre considérable de soldats. Marguerite se laissa vaincre par leurs raisons, et il ne fut plus question que de réunir une nouvelle armée.

Dans les premiers jours de cette terrible déroute, Richard n'avait même pas pensé à donner de ses nouvelles à sa sœur, de sorte que rien n'était comparable à la douleur d'Henriette, qui, n'ayant eu aucun détail, se persuadait que son cher Richard avait été tué, et elle n'avait plus qu'à mourir lorsqu'elle le vit arriver avec Auldei et sa fille. Ils avaient demandé à la reine la permission de ramener Edmée à Birmingham, comme le lieu le plus sûr où elle pouvait être.

La joie de milady Wilz fut bien vive en revoyant celui qui lui était si cher et son aimable amie; mais combien elle fut sensible au malheur de la reine et du prince de Galles! Elle ne put s'empêcher de louer la fidélité d'Auldei, qui lui dit: Qu'il resterait attaché au parti de la reine, quelque désespéré qu'il fût, et qu'il combattrait toujours, comme il avait fait, pour son roi et pour sa dame; car, malgré les rigueurs d'Henriette, il ne voulait pas plus renoncer à son amour qu'à sa foi pour son souverain.

Henriette répondit toujours de la même manière, qu'elle ne voulait point se marier, mais qu'elle verrait avec une grande satisfaction son frère uni à Edmée. « Il ne tient qu'à vous, » disait Auldei. On parla du chevalier à l'armure noire, et milady se douta bien que c'était toujours un de ses mystérieux amans. Richard dit qu'il avait été témoin des actions pleines de courage de l'inconnu, et qu'il s'était trouvé heureux de l'avoir ainsi que milord Auldei près de lui ; que c'était bien à eux qu'il devait d'être sorti si heureusement d'un aussi terrible combat. Henriette ne faisait part à personne de ses conjectures à cet égard. Richard, malgré son amour pour Edmée, son attachement pour celle qu'il croyait sa sœur, fut le premier à faire souvenir Auldei, qu'il ne fallait pas tarder à rejoindre à Bath, afin de se trouver au conseil de guerre qui devait avoir lieu dès que les troupes seraient réunies.

Henriette ne tenta pas de le retenir; son honneur lui était plus cher que la vie, et elle se décida avec beaucoup de courage à de nouveaux adieux. Edmée cacha les larmes que l'amour lui faisait répandre, en ne paraissant en verser que sur son père. Mais Richard sut bien qu'une grande partie était pour lui, et il se sentit encore plus de désir de mériter par quelqu'action d'éclat le bonheur d'avoir pour épouse une amante aussi tendre.

Edmond, qui avait voulu aussi revoir sa maîtresse, lui promit de même de lui ramener son fils; au moment du départ, Henriette emmena Edmée dans son oratoire, et elles y restèrent enfermées jusqu'à ce que le bruit que faisait le pont lorsqu'on le remontait, leur eût appris que leurs amis avaient quitté les murs de Birmingham. Elles redescendirent dans la galerie où tout ce qui était dans le château s'empressa à dissiper leurs profondes allarmes pour le trop cher Richard.

Les lords Herefort et Auldei, suivis d'Edmond et de Francisque Bunh, atteignirent bientôt Bath, où ils furent surpris de trouver la reine entourée d'une armée nombreuse, qui semblait être sortie de terre, ce que l'on pourrait attribuer autant à l'attachement pour Marguerite, qu'à la crainte de tomber sous la domination d'Edouard, car on savait déjà avec quelle rigueur il poursuivait ceux qu'il appelait rebelles; portant l'outrage au-delà du trépas, il avait fait exposer le corps de Warwick, espérant que le peuple se rassasierait avec plaisir de la vue de son cadavre; mais il fut trompé dans son attente : on se porta en effet en foule à Westminster où il avait été déposé; mais ce concours immense gardait un morne silence, et prouvait ainsi la douleur que le peuple ressentait de la mort de ce grand homme; ce sentiment était si général, qu'Edouard ne crut pas devoir prolonger plus longtemps ce muet éloge; il fit enlever le corps et le fit conduire au lieu de la sépulture de la maison de Warwick. Moins un tyran peut compter sur l'affection de ses sujets, plus il appesantit son sceptre de fer ; aussi Edouard donnait chaque jour l'horrible spectacle d'exécutions sanguinaires des partisans de Henri ; et il partageait son temps à signer des arrêts de mort ou à faire des plans pour la campagne dans laquelle il se flattait de soumettre l'Angleterre. On sut qu'il s'avançait avec des forces prodigieuses ; l'armée de la reine était inférieure, et d'ailleurs, composée pour la plupart de nouvelles troupes, sans expérience ; ce n'était pas que les restes de l'armée de Warwick ne se fussent réunis avec joie sous les drapeaux du prince de Galles ; mais leur nombre était peu considérable, et s'ils étaient décidés, comme ils le prouvèrent, à périr plutôt que de se rendre, on ne pouvait espérer que leur résistance suffît pour arrêter une armée composée de soldats vieillis sous le harnois ; ainsi tout devait faire craindre une rencontre, jusqu'à ce que les troupes que Pembrook devait amener à la reine, fussent réunies aux autres.

Plusieurs généraux étaient d'avis que l'on passât la Saverne pour se retirer dans le pays de Galles, où il était possible de se retrancher jusqu'à la jonction de Pembrook. Cet avis, dans lequel la reine voyait moins de danger pour son fils, lui paraissait le meilleur; mais Sommerset et le prince de Galles le combattirent, comme devant leur faire perdre toute considération parmi leurs partisans, qui ne manqueraient pas de les accuser de fuir devant l'ennemi. On était arrivé à Tenkelsbury, et on hésitait si on passerait la rivière; mais Edouard suivait de si près, que c'eût été livrer leur arrière-garde à ses troupes. On prit le parti de se retrancher dans un parc qui se trouvait aux portes de la ville; on forma pendant la nuit des retranchemens, si parfaitement construits, qu'Edouard désespéra de les forcer; aussi ce ne fut que par la ruse qu'il engagea Sommerset à sortir de ses lignes.

Le duc de Glocester ayant feint de fuir après avoir attaqué les retranchemens, l'attira près du corps qu'Edouard commandait, qui chargea aussitôt avec une telle vivacité, que le comte, près duquel était le prince de Galles, Richard et le lord Auldei, furent obligés de chercher leur salut dans leurs retranchemens; mais lorsqu'ils espéraient y rentrer, le duc de Glocester, qui avait tourné de ce côté, s'y trouva pour les en empêcher, et voyant qu'il n'en pouvait venir à bout, y entra avec eux. Ce fut alors que s'établit le plus terrible combat : les deux Edouard, tous deux prétendant à la même couronne, avaient la même ardeur pour la défendre. Richard, qui aimait le prince de l'amitié la plus tendre, le couvrait sans cesse de son corps; déjà plusieurs blessures qu'il avait reçues en détournant les armes qui se dirigeaient contre le prince, l'avaient tellement affaibli, qu'il allait périr au moment où le fils de Marguerite fut fait prisonnier. Auldei, doué d'une force prodigieuse, vit le danger éminent qui menaçait les jours de Richard, et le prenant dans ses bras, il l'enleva du milieu de la mêlée, tandis que le chevalier aux armes noires, qui était aussi près d'eux, en cherchant à faciliter à Auldei le moyen de soustraire Richard ou à la mort, ou à la captivité, fut mortellement blessé, et resta sur le champ de bataille; ses gens l'enlevèrent : le lendemain, existait-il encore ? voilà ce que je ne sais pas, et ce que la suite de ces mémoires nous apprendra.

Richard, que la perte de son sang, la douleur que lui causaient ses blessures, le bruit affreux qui accompagne un si rude combat, avaient presque privé de sa raison, ne concevait pas comment il se trouvait dans une chambre, sur un lit, et Auldei à côté. Il demandait où était le prince; on l'assurait qu'il le rejoindrait bientôt, qu'il était en sûreté. Enfin, Auldei lui donna tous les soins qu'un fils eût pu attendre de son père; mais craignant d'être découverts dans leur retraite, et Richard ayant recouvert assez de forces pour être transporté à Birmingham, il résolut de s'y rendre par la forêt et des routes qui étaient peu fréquentées; mais avant de l'y voir arriver, sachons les suites terribles de la bataille de Tenkelsbury.

La reine était dans le parc au moment de la mêlée; elle voulait s'y précipiter, pour combattre auprès de son fils, et on craignait de ne pouvoir l'en empêcher; mais ses alarmes devinrent si vives, qu'un profond évanouissement donna la possibilité à ses gens de l'enlever par les derrières du parc, qui touchaient le bord de la rivière; et ayant pris une barque qui s'y trouvait, ils la portèrent dans une abbaye, où ils l'abandonnèrent aux soins des religieuses pour ne point donner de soupçons, si on avait vu des hommes tourner autour du bâtiment.

Edouard, enivré de sa victoire, ne pensa qu'à en tirer tous les avantages qu'il devait s'en promettre. Il se fit amener le prince de Galles, et lui demanda ce qu'il venait faire dans ses états. — « J'y étais venu pour me remettre en possession d'un bien qui m'appartient. » Tant de fermeté dans un prince, qui n'avait pas vingt ans et qui se trouvait son prisonnier, étonna son vainqueur. Peut-être une dernière lueur d'équité naturelle se faisait-elle sentir à son cœur; mais après avoir gardé quelque tems le silence, sa férocité reprit le dessus, et frappant le prince au visage avec son gantelet, il s'éloigna. L'infortuné n'eut pas le tems de ressentir cet outrage; le duc de Glocester et trois autres grands seigneurs de la cour d'Edouard se jetèrent sur le fils de Marguerite, et le tuèrent à coups de poignards; et, par un rafinement de cruauté, il en fit informer sa malheureuse mère par le lord Stanlay, son ennemi particulier, qu'il avait chargé de l'arrêter partout où il la trouverait.

On ne fut pas long-temps à savoir qu'elle avait été portée dans une abbaye, où Stanlay se rendit, et cette fois, il ne manqua pas son coup. Quand Marguerite sut que son fils n'était plus, rien ne put être comparable à sa douleur : réduite à n'avoir pas même l'espoir de venger cette tête si chère, elle en laissa le soin au ciel dont elle appela les foudres sur la tête de celui qu'elle regardait comme un usurpateur. Stanlay recueillit avec soin tout ce que la douleur lui arrachait d'injures, d'imprécations contre son terrible vainqueur, pour en composer l'acte d'accusation qui devait la conduire à l'échafaud; car cela avait été le premier dessein d'Edouard. La dureté avec laquelle Stanlay se conduisit avec cette malheureuse princesse pendant la route, ne lui laissa pas de doute que sa mort était jurée. Au moment où on la mena à la Tour, elle demanda à voir son mari; on lui répondit qu'elle ne tarderait effectivement pas long-temps à le voir.

Edouard, qui craignait toujours une émeute populaire, et que l'on ne se portât à la Tour pour en briser les portes et délivrer Henri et sa femme, chargea le duc de Glocester de terminer enfin la triste et pieuse carrière de Henri. Ce malheureux prince avait repris en prison ses mêmes habitudes : elles consistaient à soigner un oiseau, quelques fleurs, à balayer lui-même sa chambre, dont l'extrême propreté lui rendait sa captivité supportable. Le duc de Glocester, loin d'être touché de la résignation et de la simplicité de celui qui avait été son roi, et était comme lui de la race régnante, le railla de la futilité de ses occupations, tandis que sa femme et son fils défendaient sa couronne. « Mais, ajouta-t-il, ils sont vaincus; l'un est mort de ma main, l'autre est enfermée dans cette tour pour y subir le jugement qui la conduira à l'échaffaud; et vous, que devez-vous attendre ? — La mort, dit ce respectable vieillard, heureux de rejoindre mon fils ! » Alors il se mit à genoux, leva les yeux au ciel, et ouvrant ses habits, il présenta sa poitrine au fer de l'assassin, qui le perça sans pitié; et non content d'avoir tranché ses jours, il fit porter son cadavre sanglant dans le cachot où la reine était enfermée, et le lui présenta; elle n'en put supporter la vue, et tomba évanouie. On exposa ensuite les restes de ce malheureux monarque à Westminster pendant plusieurs jours, pour que les Anglais sussent qu'il n'était plus; Edouard lui refusa la sépulture royale; il le fit enterrer, sans aucune cérémonie, dans le village de Calsa. Après avoir ainsi fait épuiser jusqu'à la lie la coupe du malheur à Marguerite, il se contenta de la condamner à être renfermée pour le reste de ses jours, lui laissant même la liberté de voir quelques personnes qui lui avaient été attachées. Ainsi finit la carrière d'une des plus illustres princesses de l'Europe, et par le sang dont elle sortait, et par le trône qu'elle avait occupé pendant près de trente ans; mais surtout par ses grands talens dans la guerre, son courage dans l'infortune, et les grâces de sa personne et de son esprit.

La religion vint, disent les historiens, adoucir les dernières années de sa vie, qui ne se passèrent pas entièrement dans la captivité, mais dans une retraite absolue, renonçant à toutes les grandeurs humaines, que son fils ne pouvait plus partager, et n'ayant d'autre désir que d'aller le rejoindre dans un royaume impérissable. Les événemens qui firent sortir cette princesse de prison et la ramenèrent en France, n'ayant aucun trait avec ce qui me reste à raconter des destinées d'Henriette et de son frère, j'ai cru devoir donner de suite le précis de la terrible catastrophe qui ruina entièrement la maison de Lancastre, pour n'y plus revenir.

CHAPITRE LVIII.

Retournons au moment où le lord Auldei faisait transporter Richard chez sa sœur. Henriette ayant appris les désastres de l'armée du prince de Galles, persuadée qu'enfin le ciel avait mis le comble à ses malheurs comme à ceux de Marguerite, fut plongée dans un si profond désespoir, que les soins de madame Roberson et de miss Alworty, et surtout ceux de miss Auldei, ne pouvaient que l'empêcher d'attenter à ses jours, mais non s'opposer à ce que la douleur ne tranchât le fil trop délié de sa vie.

Edmond qui n'avait aucune connaissance de ce qu'étaient devenus Richard et le lord Auldei, ne pouvait que mêler ses larmes aux siennes : il avait été renversé de son cheval presqu'au moment même de l'action; foulé aux pieds, il devait son salut à ce que, poussé au bord d'un fossé du parc, il y roula par une protection du ciel, et y trouva une source d'eau vive dont il se servit pour étancher la soif qui le brûlait et laver les contusions qu'il avait reçues, et dont aucune n'était dangereuse. Il resta deux fois vingt-quatre heures dans cet asile, où nulle personne ne vint le chercher, vivant d'herbes sauvages qui croissaient autour de lui. Enfin n'entendant plus aucun bruit, il se hasarda à se lever et à essayer si, en s'accrochant à des arbustes qui croissaient le long du revers du fossé, il ne pourrait pas en sortir; ce qu'il fit très-heureusement : et se trouvant hors du parc à l'entrée de la nuit, il marcha jusqu'à l'aurore, se dirigeant par les étoiles du côté de Birmingham; le jour, craignant d'être rencontré par des gens d'Edouard, quoiqu'il ne sût pas qu'il avait été victorieux, il resta caché dans la forêt, qu'il croyait bien être celle qui se trouvait entre Birmingham et Halifax; là, quelques racines et de l'eau d'un torrent furent encore sa seule ressource pendant cette journée dont le sommeil abrégea la longueur. Il se remit en marche dès que le soleil fut couché, et la clarté de la lune remplaçait celle du flambeau du jour; il marcha une partie de la nuit en suivant une route de la forêt qui le conduisit au bord d'une rivière qu'il ne douta pas devoir être le Tam; et pensant qu'il était assez près du hameau où demeurait Fanny, il y dirigea ses pas, et aperçut enfin les montagnes et les deux cabanes; mais il était si faible, qu'il eut toutes les peines imaginables à gravir le sentier qui y conduisait. Cependant, l'espérance de trouver là des secours sans aucun danger, et de savoir si on avait appris au château des nouvelles de l'armée, lui donna des forces, et il arriva à la porte de Fanny, mais si épuisé qu'il tomba sur ses genoux, sans pouvoir se relever; il prit une pierre pour frapper à la porte.

La veuve, effrayée, et sachant que des gens de guerre parcouraient les campagnes depuis la défaite de Tenkelsbury, ne voulait point ouvrir sa porte; mais comme Edmond l'appelait par son nom et lui disait qui il était, elle reconnut sa voix, et fut bien touchée en voyant ce digne vieillard dans une situation si fâcheuse; elle l'aida à se relever, le fit coucher dans son lit, lui donna du pain, du lait, des œufs et du miel, qui lui rendirent ses forces; alors il lui raconta ce que nous venons de dire. Mais avec quelle douleur il apprit de Fanny tous les désastres de l'armée, et qu'on n'avait aucunes nouvelles de Richard et du lord Auldei. Il ne put être instruit sans une extrême affliction que Sommerset et le prince de Galles étaient prisonniers, car on ne savait encore que cela à Birmingham. Après quelques heures de repos, il se rendit auprès de milady Wilz, qu'il trouva, comme nous l'avons dit, dans un désespoir que rien ne pouvait calmer. La présence d'Edmond ne fit qu'aigrir sa douleur. Elle se persuadait que Richard avait été tué puisqu'il n'avait pas fait chercher son ancien gouverneur, auquel il était très-attaché ; et elle perdit toute espérance de revoir le lord Herefort, ce qui pensa la conduire au tombeau.

Edmée, qui n'avait pas de moindres inquiétudes de son père et de son amant, veillait avec les demoiselles auprès du lit d'Henriette, et craignait à tout instant qu'elle n'expirât, quand on entendit baisser le pont. A ce bruit, Henriette tressaillit, et dit : « Ah ! Dieu ! si c'était lui ! » et elle retomba dans l'absorbement où elle était réduite, la nature ne pouvant supporter l'excès de ses douleurs. Cependant la porte s'ouvre, et Richard, se soutenant sur les bras du lord Auldei et de Francisque, entre. Edmée fait un cri, court au-devant de son amant, s'arrête et tombe dans les bras de son père dans un saisissement qui lui laisse à peine la faculté de respirer. « Eh bien! eh bien, dit lord Auldei, c'est moi, c'est lui; mais il ne faut pas mourir de joie. »

Henriette entend la voix d'Auldei, elle se soulève sur son séant, aperçoit Richard, lui tend les bras, et quand il s'y précipite, il craint d'être arrivé trop tard, et que sa soeur n'eût pas la force de passer de la douleur à la joie, sans voir terminer sa vie. Mais Henriette reprend bientôt ses sens; elle regarde avec un sentiment mêlé de crainte, cet objet qui lui est cher. « Est-ce bien toi, mon cher Richard, dit-elle en le pressant contre son coeur et le couvrant de baisers. — C'est moi, ma soeur, c'est moi qui dois la vie à l'ami que voilà; sans lui, tu n'aurais plus de frère; acquitte la dette de la reconnaissance, chère et tendre amie, que ta main soit le prix de son dévoûment, et m'assure celle de l'objet le plus digne de mon amour, et sans lequel je ne puis vivre. » Lord Auldei s'était approché du lit d'Henriette et attendait son arrêt. Milady, par un effort au-dessus d'elle-même, tend sa main à Auldei, qui la saisit avec transport. « Ah! Dieu, puis-je croire à cet excès de félicité? — Vous me rendez Richard, pouvais-je moins pour vous? mais assurez son bonheur. » Auldei prenant la main de sa fille la mit dans celle de Richard, qui, enivré de joie, oubliait à cet instant les revers de la famille royale, pour goûter avec transport ce bien inattendu que le ciel versait sur la sienne.

Auldei était surtout le plus heureux des hommes, il allait posséder une belle et vertueuse femme et une immense fortune; il mariait sa fille à un des plus riches seigneurs de l'Angleterre, et loin de lui donner une dot, il gardait l'usufruit des biens d'Edmée ; pouvait-il y avoir pour lui d'alliances plus brillantes? aussi il ne se possédait pas de joie. Richard, dont l'âme est entièrement exempte d'un vil calcul, en ressent bien plus toute la vivacité, et ne sait comment témoigner à sa sœur l'ardeur du sentiment qu'elle lui inspire. Henriette seule ne goûte d'autre satisfaction que celle de faire le bonheur de son frère et d'Edmée, car pour ce qui la regarde, elle n'a pas changé de façon de penser à l'égard de Guillaume. Elle l'épouse, mais elle ne l'aimait pas ; elle se sacrifie entièrement à la reconnaissance qu'il lui inspire pour avoir sauvé son frère. Aussi est-elle calme, presque froide, au milieu de la joie de ceux qui l'entourent, et elle désire les ramener à des sentimens moins tumultueux, en leur parlant du prince de Galles et de sa malheureuse mère, dont elle ignore la mort, comme eux ne savaient pas leur captivité. En effet, ces pensées tempérèrent la bruyante gaîté qui régnait un moment avant, et qui contrastait trop avec les sentimens du cœur d'Henriette.

Alors on raconta ce que l'on avait vu de cette fatale bataille; Edmond, sa singulière aventure : il ne se lassait pas du bonheur de voir son cher élève. Madame Roberson était aussi venue l'embrasser, et Edmée n'avait pas vu sans un peu de jalousie, qu'il avait donné un baiser à miss Alworty, qui l'avait reçu en rougissant, et en jetant un coup-d'œil à Francisque, comme pour lui en demander pardon; car elle avait vu son front s'obscurcir. Henriette ne se sentait pas en état de se lever; on dressa la table près de son lit, et un souper magnifique réunit tout ce qui était à Birmingham, et qui partageait le bonheur d'Auldei, de sa fille et de Richard, dont les forces étaient revenues miraculeusement, tant l'Amour est un excellent médecin ! On se sépara en se promettant d'ici à peu de jours de fixer à jamais la destinée de ces deux couples, et Henriette éprouva une grande satisfaction d'être enfin seule, et de pouvoir se rendre compte à elle-même des sentimens de son cœur, où elle craignait bien de trouver l'image d'Edgard, plus tendrement chéri que jamais.

CHAPITRE LIX.

Dès qu'Henriette eut dit à ses femmes de se retirer, et qu'elle resta, comme elle l'avait desiré, livrée à toutes ses réflexions, combien n'en fit-elle pas de cruelles ? repassant toutes les années de sa jeunesse, elle n'y vit que douleurs ; et elle allait perdre pour jamais le seul bien que ses longues souffrances lui avaient enfin acquis, le repos ; car pouvait-elle en espérer avec un homme du caractère d'Auldei ? jaloux, avare, soupçonneux, ce serait des sujets journaliers de trouble ; elle qui, depuis la mort de ses parens, avait commandé en souveraine dans son château, qui allait cesser de lui appartenir, et qu'il lui faudrait peut-être quitter pour aller habiter celui de Walton, où elle trouverait un maître dans son époux. D'ailleurs, on avait beau dire que Walton était plus beau que Birmingham, il n'aura pas les mêmes souvenirs, dont plusieurs sont terribles, il est vrai, mais aussi c'est là que sont attachés les seuls qu'elle puisse conserver. Cette chapelle, cette voûte funéraire, cet appartement souterrain, qui ont été témoins de tant d'événemens, il faudra les quitter; elle le doit, et il serait contraire aux nouveaux devoirs qu'elle va s'imposer, de s'occuper de ces pensées.... Quelle est celle qui se présente à elle, et lui fait éprouver, au milieu des ténèbres qui l'environnent, un effroi involontaire que la faible lueur de sa lampe de veille ne diminue pas ? à peine se l'avoue-t-elle à elle-même : la voici :

Est-elle vraiment libre ? Edgard est-il mort ? y a-t-il une certitude réelle qu'il ait fini sa vie dans l'Inde, comme William l'a dit, et au moment où elle aura prononcé le fatal serment, si Edgard apparaissait, qu'il vînt réclamer ses droits, que pourrait-elle lui répondre? à quels dangers ne serait-elle pas exposée entre deux époux, qui, tous deux, diraient : vous êtes à moi ? ô! mon Dieu, préservez-moi de cet affreux malheur; cher Edgard, du haut de la voûte céleste, où j'espère que tes vertus t'ont placé, n'effraye pas ta malheureuse veuve par les remords; je me dévoue au bonheur de ton fils, peux-tu m'en vouloir? et il lui sembla qu'une voix intérieure lui criait : ne signe pas ce fatal contrat, et surtout ne prononce pas, au pied de l'autel, un parjure.

Ce fut dans cette cruelle agitation qu'Henriette passa la nuit. Aux premiers rayons du jour, elle se leva et écrivit à Auldei, pour qu'il lui rendît sa parole; elle écrivit aussi à Richard, afin qu'il eût pitié d'elle, et qu'il ne la réduisît pas au désespoir en la forçant à s'unir à Guillaume; ensuite, elle fait appeler Edmond, lui communique ce qu'elle vient d'écrire, et le charge de remettre ces lettres à ceux à qui elles sont adressées. Le vieux écuyer de lord Herefort proteste de son attachement à la fille de son ancien maître, et cependant lui déclare qu'il ne peut se charger de ces messages, et qu'il supplie sa maîtresse de ne les envoyer ni par lui ni par aucun autre, parce qu'il n'y a pas de doute qu'Edgard est mort, et que tout porte à croire que William a aussi péri à Tenkelsbury, car c'est lui ou l'homme au javelot, qui portait l'armure noire; il ne lui reste donc aucuns liens avec cette famille, et elle ne se doit qu'à son frère, l'unique héritier de la maison Herefort.

Quant à son union avec Auldei, il la lui représente comme un simple contrat qui réglait les intérêts des deux maisons, et réunissait leurs immenses possessions dans celle d'Herefort. Aussitôt la mort d'Auldei, qui ne pouvait tarder, car avec un caractère aussi morose et aussi violent que celui du lord Guillaume, rarement on atteint les années de la vieillesse; car, dit le sage, la colère en tue plus que le glaive. « Je ne veux pas sa mort, répondait lady, mais qu'il me laisse libre. — Ce n'est plus possible, madame, sans exposer votre frère à se battre avec le père de sa maîtresse. Vous auriez pu ne pas promettre; mais votre parole est donnée, milady, et je vous dirai, avec la franchise d'un vieux soldat qui ne peut pas déguiser la vérité, que vous ne pouvez, sans manquer à l'honneur, rétracter votre promesse. » Henriette, vaincue par la confiance qu'elle accordait à Edmond, déchira ses lettres, et les morceaux étaient encore épars sur le plancher quand Richard entra chez sa sœur. Le bonheur brillait dans ses yeux, et il venait lui demander quel jour elle fixait pour leur hymen. « J'ai passé, dit-elle, une fort mauvaise nuit, je ne suis pas, comme vous, enivrée d'amour; je n'aime et n'aimerai jamais Auldei; je l'épouse parce que je m'y crois obligée; mais je ne trouve, dans cette alliance, rien qui puisse me distraire des tristes circonstances où se trouve l'Angleterre. Je voudrais que nous eussions des nouvelles de la reine et de son fils, avant que nous nous occupassions de fêtes qui me semblent insulter au malheur public. Qui nous presse donc de former ces liens ? ne pouvons-nous pas attendre quelques jours que le courrier que j'ai envoyé à Londres soit de retour ? — Non, non, reprit Richard, je ne veux point attendre, et je ne croirai point à votre tendresse pour moi, si vous différez mon bonheur. Qu'importerait aux rois, si nous étions tombés dans l'infortune; retarderaient-ils, pour pleurer nos malheurs, les fêtes de leur hymen ? pourquoi faut-il que je fasse pour eux ce qu'ils ne feraient sûrement pas pour moi ?

Je vous conjure, ma sœur, de ne pas éloigner de plus de trois jours notre double hyménée. »

Henriette, naturellement disposée à faire ce qui pouvait plaire à Richard, fixa, comme il le voulait, les mariages à trois jours ; elle le supplia seulement qu'ils ne fussent accompagnés d'aucunes fêtes, qu'elle devait à cet égard plus à l'amitié qu'au rang, qu'il ne pouvait avoir si promptement oublié celle que lui témoignait l'infortuné prince de Galles. « Je l'oublie si peu, reprit Richard, que je hâte les jours qui seront consacrés à l'amour, afin de retourner aux combats, et employer tous les moyens qui nous restent pour délivrer Marguerite et son fils. Je crois même que nous leur serons utiles, en appelant ici, pour être témoins de nos sermens, ceux qui restent attachés à ces illustres infortunés, et, sous ce prétexte qui trompera le nouveau gouvernement, concerter avec ces loyaux chevaliers le plan d'une nouvelle campagne.» C'était plus qu'Henriette ne demandait ; elle voulait pour la reine et son fils, des larmes et non du sang. Il fallut bien toutefois qu'elle parût adopter le plan de son frère.

Aussitôt il alla rejoindre Auldei, et ils se hâtèrent d'envoyer porter des lettres d'invitation dans toute la province, pour inviter les baronets et leurs dames à leur double mariage. Edmée vint aussi chez Henriette, et elle lui témoigna sa joie avec une naïveté touchante. Elle n'avait point appris à la cour l'art de feindre, et elle convenait avec son amie de tout le plaisir qu'elle aurait à être la compagne du bon Richard, et à la nommer sa mère. Mais Henriette ne répondait que par des soupirs et des larmes aux effusions de tendresse de celle qui allait être sa fille et sa sœur.

Auldei, en amant qui ne perdait pas de vue ses intérêts, avait fait dresser le contrat, qui fut signé dans la soirée. Il prit le prétexte de ce que milady ne voulait point de fête à ses nôces, pour ne point donner à sa future les présens d'usage; au contraire, Henriette offrit à Edmée tous ses diamans, ses perles, ses bijoux, ses dentelles, ce qui ne fit pas un grand plaisir à son futur époux; mais comme il n'avait pas encore le droit de s'y opposer, il fallut bien qu'il laissât sa fille accepter ces riches dons dont Henriette voulait la parer lorsque Richard recevrait sa foi.

Henriette, semblable à une victime destinée au sacrifice, et ayant de plus la connaissance du sort qui l'attendait, passa le reste du jour dans un état impossible à décrire. Le lendemain ne fut pas moins pénible; il lui fallut recevoir les complimens de tout ce qui se rendait au château pour assister à ses nôces et à celles de son fils. Elle eut au moins une raison pour paraître éprouver un renouvellement de douleur; car parmi les personnes qui se réunirent à Birmingham, plusieurs connaissaient le sort affreux du roi, de son fils, et parlaient de la douleur de Marguerite; Henriette n'avait pas besoin de celle que lui causaient les préparatifs de son mariage, pour répandre des larmes amères. Auldei n'osait pas s'en plaindre, et lui-même était sensible (autant qu'un avare peut l'être à ce qui ne touche pas ses intérêts) à l'excès des maux qui s'étaient réunis sur la tête de l'illustre Marguerite; milady lui en sut gré et l'en traita moins mal.

Quant à Richard et à Edmée, l'univers avait disparu pour eux; il n'y avait rien que leurs amours qui les intéressât. Se voir, être près l'un de l'autre, se dire qu'ils s'adoraient, fut leur unique occupation, toute cette journée qui devait précéder celle où ils devaient être unis. Ils auraient voulu la prolonger durant la nuit, et ne se point quitter jusqu'au moment où ils devaient se jurer un amour éternel. Mais Henriette avait consacré cette nuit à des devoirs auxquels elle n'aurait pas manqué pour rien au monde. Elle fixa donc l'instant de la séparation à onze heures du soir. Richard, en lui baisant la main, lui dit : « Pour Dieu, ma sœur, puisque vous nous forcez à nous séparer, ne veillez pas, couchez-vous, dormez ; et que les fanfares qui annonceront demain le plus beau jour de ma vie, vous trouvent éveillée. — Il y a bien à présumer, reprit tristement milady Wilz, que le sommeil fuira de mes yeux, qui ne pourraient se fermer, sans que je fusse troublée par les plus douloureuses images. Ainsi, soyez tranquille; rien ne retardera la cérémonie qui fixera à jamais nos destinées. » Elle serra Edmée dans ses bras et sur son cœur. « Heureuse enfant, lui dit-elle, vous ne connaissez de l'amour que les roses ; puisse le ciel en écarter toujours pour vous les épines ! » Edmée l'assura qu'elle n'en craignait point dans son union avec Richard, si elle devait toujours veiller sur eux. Auldei voulut aussi parler de son ardent amour : « Laissons, dit Henriette, à cet heureux âge, le prestige du sentiment ; au nôtre, milord, nous ne devons connaître que l'estime. » Elle le salua avec une si extrême froideur, que tout autre en eût été déconcerté. Mais, que lui importait ? le contrat était signé.

CHAPITRE LX.

Quelle nuit que celle qui précède un hymen que le cœur désavoue! mais quelle est bien plus douloureuse, quand elle retrace celle où on goûta la suprême félicité, les délices de l'amour vertueux! Aussi Henriette, au désespoir, ne peut supporter la pensée qui l'obsède; en vain chercherait-elle le repos, elle ne veut point se coucher; elle ordonne à ses femmes de se retirer. La bonne Roberson veut rester; elle prévoit son projet, et elle s'efforce de l'en détourner. Milady la supplie de la laisser à elle-même. « Il faut, dit-elle, que je mette de l'ordre dans mes papiers, que je voie s'il ne s'en est pas glissé qui auraient quelque trait à mon fatal secret : j'ai besoin d'être seule pour me livrer à cette recherche. »

Enfin, la bonne nourrice, craignant d'être importune, se retira.

Dès que milady se vit seule, elle allume une lampe, prend les clefs de la chapelle, et marchant avec la plus grande précaution pour n'être pas entendue, elle s'y rend, se jette à genoux sur les marches de l'autel, et répand un torrent de larmes. « Cher Edgard, s'écriait-elle, je vais donc cesser de t'appartenir : nos liens vont être rompus, un autre osera se dire mon époux ! Ah ! que ne puis-je mourir en prononçant ce fatal serment. » Et elle ne pouvait s'arracher de ce lieu, où elle avait prononcé un serment si doux à son cœur. Cependant il lui reste un devoir important, c'est d'aller prier sur le tombeau de William et d'Edgard. Elle craint d'abord de ne pouvoir lever les barres de fer qui ferment la porte de bronze; mais l'énergie de la douleur lui donne des forces, et elles cèdent à ses efforts. Elle descend, non sans quelque crainte, les dégrés, et posant sa lampe sur la tombe des deux frères, elle la considère avec une sorte de frayeur. « Edgard ! Edgard ! entends ma voix, dit-elle; viens, entraîne-moi dans la nuit du tombeau, avant que je viole nos sermens. »

A cet instant, un bruit sourd se fait entendre. Henriette effrayée veut remonter les dégrés ; mais au moment où elle va pour reprendre sa lampe, elle voit très-distinctement tourner sur elle-même la pierre qui recouvre le cénotaphe de son aïeul, sur lequel était placée sa statue. Ce prodige la retient à la même place où elle était, et ne lui laisse plus la possibilité de fuir. Mais qui peindra l'impression qu'elle ressentit en voyant sortir de cette même tombe Edgard. A sa vue, ses sens l'abandonnent, et il la reçoit dans ses bras, sans force et presque sans vie.

Edgard, me direz-vous ! l'ombre d'Edgard ! — Non, c'est Edgard, plein de vie; il la prend dans ses bras, et ouvrant la porte qui communique dans l'appartement souterrain, la dépose sur le lit, et, sans perdre un instant, par une issue que nous connaîtrons bientôt, remonte dans la chapelle, ferme la porte de bronze en dedans, reprend le même chemin, et revient dans le caveau mortuaire par l'escalier que lui seul et William connaissaient. Il est auprès de sa compagne, qu'il eut toutes les peines du monde à rappeler au sentiment du bonheur dont sa présence allait la faire jouir. Son intention n'avait pas été de la surprendre, il savait trop quel danger un tel saisissement pouvait avoir pour s'y être exposé : nous allons bientôt l'entendre raconter à sa compagne quel était son plan.

Rien n'avait rendu à Henriette le sentiment pendant l'absence momentanée d'Edgard; mais dès qu'il fut revenu auprès d'elle, qu'elle eut entendu sa voix qui l'appelait des noms les plus doux, elle ouvre les yeux qu'elle referme aussitôt; mais un baiser, dont l'amour seul connaît le mystère, la rassure; il n'est qu'Edgard qui puisse lui rendre la faculté de sentir. « C'est toi, cher époux; c'est toi, mon Edgard, et par quel prodige ? — Tu le sauras, mon amie; j'apporte à tes pieds la relation des crimes qui nous ont séparés depuis vingt ans, et qui te forcera ainsi que moi à pardonner à l'infortuné qu'une passion invincible a rendu aussi pendant vingt ans le plus malheureux des hommes; car il l'était bien plus que moi. J'étais descendu, sans crime, dans le tombeau où il m'a tenu si long-temps, et ses remords le poursuivaient partout. Mais sans perdre le temps à nous entretenir de ce que tu trouveras ici consigné, dis-moi, mon Henriette, es-tu libre ? — Oui, je le suis; mais, ô désespoir ! que rien ne pourra calmer, cher Edgard ! douze heures plus tard, ta coupable épouse allait trahir nos sermens; et elle lui raconta ce que nous savons des amours d'Auldei et de Richard. — Puisqu'il en est encore temps, et que je ne puis douter que tu m'aimes, rien ne sera si facile à terminer que ce différend, quand Robert Smith, celui qui nous a unis, sera de retour du Devonshire, où il est retourné pour chercher les preuves de notre union : d'ici là, chère amie, jurez-moi de ne point dire à mon fils les raisons qui vous empêchent de tenir la promesse que vous avez faite à Auldei; il ne faut que gagner très-peu de temps : Robert sera ici, au plus tard, dans deux jours. » Henriette n'osa pas dire à son époux tout ce qu'elle avait à redouter de la violence du caractère de son fils, et écartant ses inquiétudes par la joie de revoir Edgard, elle lui fit mille questions, et il lui répondait toujours : « Vous saurez, chère amie, tout ce que vous me demandez, en lisant le testament de mort du pauvre William. La seule chose que je veux vous dire, c'est que je ne voulais point vous exposer à l'effroi de me voir tout à coup paraître à vos yeux sans en avoir été prévenue ; que, sans savoir que vous étiez là, je sortais par cet escalier qui, comme vous l'avez vu, conduit sous la tombe d'un de vos ancêtres ; que j'allais en gagner un autre qui est dans le grand obélisque, au fond du caveau, qui s'ouvre aussi par un ressort ; que cet escalier, pris dans l'épaisseur du mur, monte dans la chapelle, derrière la statue de saint Pierre qui tourne sur un pivot, et laisse à découvert une porte par laquelle William allait et venait dans la chapelle. Je devais, comme lui, déposer une lettre sur l'autel pour vous engager à venir ici. Le ciel a voulu hâter mon bonheur ; nous pouvons ici nous y livrer sans crainte, aucun individu n'y pénétrera, car j'ai fermé à double tour la porte de bronze; j'ai pris la clef que voici, et une double que William avait fait faire, ainsi personne ne peut entrer. »

Henriette, que tant d'événemens jetaient dans un état indéfinissable, prit cependant le parti que toute autre eût pris à sa place; elle se retrouvait seule avec l'homme qu'elle adorait depuis vingt ans, et qui ressentait pour elle l'amour le plus passionné; ainsi, rien ne l'empêchait de s'abandonner à tout le charme d'un aussi doux tête-à-tête. On a tant de choses à se dire quand il y a vingt ans qu'on ne s'est vu; aussi ils veillèrent la plus grande partie de la nuit; mais enfin le sommeil ferma leurs paupières, et ils s'endormirent dans les bras l'un de l'autre.

Le soleil était déjà bien avancé dans sa course, lorsqu'ils se réveillèrent; ils n'avaient aucun moyen de savoir l'heure qu'il pouvait être, et s'il faisait grand jour, comme il était à présumer ; comment risquer de reprendre le chemin de la chapelle ? « Mais, dit Edgard, quel besoin que vous remontiez au château ? en restant ici, où, je vous le répète, personne ne pourra pénétrer, il sera bien certain que l'on ne vous forcera pas à remplir une promesse que vous ne pourriez tenir sans crime. Je vais revenir à l'instant ; je vous apporterai quelques rafraîchissemens et des flambeaux de cire. — Mais où demeurez-vous donc ? — Vous le saurez en lisant ce que je vous ai remis. »

En effet, Edgard, au bout de fort peu de temps, apporta un excellent déjeuner, et de quoi ne point manquer pendant plusieurs jours. Après avoir fait un repas que leur mutuel attachement rendait délicieux, Edgard sortit, en recommandant à milady qu'elle ne s'inquiétât pas, qu'il reviendrait dans peu d'heures ; qu'il allait savoir si M. Smith était arrivé.

Henriette s'était informé de Cramps, et elle avait appris qu'il était parti avec le curé. Dès qu'Edgard fut sorti, milady Wilz ouvrit le manuscrit de William, dont nous allons donner, sur-le-champ, connaissance à nos lecteurs.

MANUSCRIT qui contient la révélation de tout ce qu'a fait lord William Wilz, depuis qu'il fut exilé à Calais jusqu'à sa mort, causée par la suite des blessures qu'il avait reçues à la bataille de Tenkelsbury.

A Tenkelsbury, le 21 juin 1471.

« C'est à vos pieds, milady, que je vais faire l'aveu de tout ce qu'un amour insensé m'a fait faire pour vous forcer à me donner votre main, sans avoir jamais pu y parvenir.

»Quand tout espoir de vous obtenir me fut enlevé, et que l'on m'exila à Calais, je partis; mais ayant presqu'aussitôt obtenu de passer dans l'Inde, je revins en Angleterre, tandis qu'on me croyait sur l'Océan. Ce voyage dans l'Inde demande une assez longue explication, mais j'y reviendrai plus tard. J'avais bien imaginé qu'on ne m'exilait que pour assurer le triomphe de mon rival; j'épiais ses pas; les souterrains m'étaient connus, et j'avais découvert une galerie qui passait au-dessous de celle que vous connaissez, je la parcourus, et j'y trouvai un escalier que je montai; et quel fut mon étonnement, quand je vis qu'il conduisait à un des tombeaux du caveau : un ressort en-dessous, très-aisé à mouvoir, faisait tourner le marbre qui le couvrait, et je me trouvai dans la cave sépulcrale, sans savoir où j'allais ; je montai les degrés : j'entrai par la trappe qui existait alors, et je vis que l'on avait paré l'autel, ce qui me fit comprendre que vous alliez donner votre foi à Edgard ; je résolus de troubler la cérémonie, de l'empêcher, si je pouvais. Vous vous rappelez sans doute ce qui se passa à cet instant ; mais par trop de précipitation, dans l'agitation que la jalousie me causait, je fis un mouvement qui dérangea l'appui sur lequel la trappe reposait, et elle se referma ; l'on ne pouvait ouvrir en dedans, ce qui dérangea mes plans. Je fus réduit à l'affreuse douleur de penser que vous vous étiez donnée à Edgard. L'irrégularité de cet acte (car je savais bien que votre père n'avait pas consenti à votre mariage), me consola, et je crus pouvoir aisément le faire rompre. Je passai toute la nuit dans les souterrains, non dans ceux où l'on me chercha, mais dans ceux que j'avais découverts, et qui sont au-dessous de la grande galerie. Je n'en étais sorti que pour y faire entrer vingt hommes, que j'avais engagés à mon service, et que ma générosité m'a attachés irrévocablement. Je les cachai dans la galerie, que j'imaginais bien que mon frère suivrait le matin, pour gagner la forêt. Je me mis en embuscade ; je vis passer Robert Smith et le vieux Jacques ; je les laissai aller : ce n'était pas eux que je voulais enlever. Peu après, j'entendis marcher dans les souterrains ; aux battemens précipités de mon cœur, je ne doutai point que ce ne fût Edgard ; il était suivi de Cramps. Je parus tout à coup à la tête de mes hommes ; je lui criai : « Si tu résistes, tu es mort ; confie-toi à ton frère, et il ne te sera fait aucun mal. » L'amitié, bien plus que la crainte, lui fit prendre le parti de se rendre. Cramps voulait l'en empêcher, je le fis saisir et garotter. Quant à mon frère, je lui donnai tout simplement le bras, et il me demandait avec une extrême douceur, pourquoi je l'arrêtais, et comment il se faisait, qu'étant parti pour l'Inde, je me trouvais là. « J'y suis, lui dis-je, pour obtenir de toi bien plus que la vie ; mais ce n'est pas l'instant de s'expliquer. »

» Je le conduisis dans la galerie basse, au bout de laquelle était un appartement où j'avais fait mettre un lit et quelques meubles. Je déclarai à Edgard, que c'était là qu'il passerait le reste de ses jours s'il ne voulait pas me céder Henriette. Il me refusa avec hauteur. Je le quittai, lui laissant Cramps, de la lumière et des vivres. J'attachai à son service, ou plutôt à sa garde, dix de mes hommes, qui étaient chargés de prendre à Godwicht, celui de mes châteaux le plus près de Birmingham, tout ce dont il pouvait avoir besoin. J'étais sûr qu'il ne pouvait m'échapper. Vous savez comme je pénétrais dans le château; Edgard en avait appris le moyen. Un homme, dont la discrétion m'était connue, fut placé près de vous. Il fit faire des doubles clefs de tous les appartemens, qu'il me donna, et m'avertissait exactement de tout ce qui se passait chez vous.

» Ce que je voulais, c'etait d'effrayer

vos gens, dans l'espérance qu'ils vous abandonneraient à mon pouvoir. J'employais la poudre, que je modifiais de différentes manières, pour produire des phénomènes et des apparitions. On ferma les souterrains ; on ôta la trappe, on fit cette fameuse porte de bronze; j'en eus la clef au même moment; on ne se confia pas à la serrure, on mit en dedans des barres de fer, que je levais quand il me plaisait. Je venais très-souvent voir Edgard; je lui proposais de renoncer à vous, il ne le voulait pas; je le quittais furieux, mais comme je l'aimais toujours tendrement, je ne pouvais supporter qu'il souffrît les privations que lui causait son logement; je le fis meubler avec soin; il eut des livres, un luth, des oiseaux, un chien; et son pourvoyeur lui apportait les mets les plus recherchés, que Cramps accommodait fort bien. Je mangeais souvent avec lui, et quand nous ne parlions pas de vous, nous trouvions encore un charme réel dans notre société, dont l'amour seul avait troublé l'harmonie ; mais votre nom suffisait pour nous enflammer de colère. Alors, craignant d'avoir un crime à me reprocher, je sortais désespéré. J'essayai, si je ne pouvais pas lui persuader que vous étiez infidelle ; ce fut à cet instant que je vous enlevai l'anneau que vous teniez d'Edgard. Je voulus lui faire croire que vous me l'aviez donné. Il le regarda en souriant de pitié, et me dit, qu'il lui faudrait d'autres preuves pour détruire la confiance qu'il avait en vous, parce qu'elle était fondée sur l'estime.

» Un jour que j'étais livré à mon désespoir, je me promenais au hasard, sans savoir où je portais mes pas ; je rencontrai Fanny, qui avait soigné notre enfance, elle parut enchantée de me voir. Je louai une cabane près de la sienne ; elle sut tous mes malheurs et mes projets, et elle ne les a jamais trahis, sans vouloir les servir; mais elle avait grand soin de me procurer ce qui m'était nécessaire. Là, je passais les jours à contempler votre image, que j'avais copiée sur le portrait que vous aviez donné à mon frère. La vie que je menais, jointe à la passion qui me dévorait, aliéna ma raison; ce fut à cette époque que vous m'apprîtes que vous alliez être mère, je respectai votre état; vous me forçâtes ensuite à vous respecter vous-même; mais ma passion n'en devint que plus ardente; l'exercice de la bienfaisance porta quelque calme dans mon âme. Je passais des mois entiers dans les souterrains avec Edgard : quelquefois, je lui proposais de trancher mes jours, pour qu'il pût recouvrer la liberté; il m'assurait qu'il n'y avait pas de bonheur pour lui, s'il était acheté au prix de mon sang. Vous vîntes sur la montagne; vous m'amenâtes votre fils, que je bénis au moment de sa naissance; les troubles qui engagèrent la reine à venir à Birmingham, et les troupes qui furent cachées dans les souterrains, me gênaient; cependant, je parvins jusqu'à vous; votre tendresse pour Edgard, que vous saviez être en ma puissance, me procurait l'extrême bonheur de vous voir quelquefois. Ce fut à cette époque que j'eus le malheur d'être forcé à me battre contre le lord Herefort; sa mort me rendit le plus infortuné des hommes; vous ne vouliez plus me voir. Je n'oublierai jamais ce que j'éprouvai lorsque j'eus le bonheur de vous porter dans mes bras; que je haïssais à cet instant le fer qui me couvrait, qui m'empêchait de sentir les battemens de votre cœur; mais le feu qui me dévorait pénétrait au travers de l'acier, et unissait ma vie à la vôtre : illusion trop tôt détruite! vous vous plaignîtes de ce que vous appeliez un attentat. Barkler jura ma perte, et je lui donnai la mort. Enfin, les six ans que j'avais été censé avoir passé dans l'Inde, finirent, et je revins à la cour. J'ai promis de vous dire de quelle manière j'étais parvenu à faire croire que j'avais quitté l'Europe.

» Le hasard m'avait fait rencontrer à Calais un de ces hommes extraordinaires, qui semblent nés pour le mensonge ; je lui proposai de prendre mon nom pour six ans : il avait ma taille, quelque chose de mes traits, était doué d'un esprit supérieur et de connaissances rares pour le commerce ; je lui donnai beaucoup d'argent et des lettres de créance que j'avais obtenues pour moi. Il partit sous mon nom ; et moi, comme vous le savez, je vins cacher mon existence dans les souterrains, où vous étiez loin de me croire, et encore moins que c'était là où je gardais Edgard, n'ayant d'autre jouissance que de vous apercevoir quelquefois.

» Depuis la mort de Barkler, je ne

revins plus dans la chaumière, et je regrettai la bonne Fanny, qui, plus d'une fois, avait adouci mes cuisans chagrins. Revenu à la cour, et ayant été nommé ministre, grâce aux mémoires de celui que j'avais envoyé à ma place, je crus pouvoir obtenir votre main. Je publiai la mort de mon frère; je fis couler vos larmes, et je n'en fus pas plus heureux. J'avais enlevé à mon frère, pendant son sommeil, l'anneau qu'il tenait de vous; j'y joignis une copie du portrait que j'avais fait, et qui était plus ressemblant que l'original, tant vos traits étaient profondément gravés dans mon cœur. Je vous envoyai la bague que je vous avais ravie. Vous ne voulûtes plus me voir; persuadée, comme je l'avais voulu, que mon frère était mort, vous n'aviez plus besoin de moi. Ainsi, j'avais encore augmenté la rigueur de mon sort.

» Je tentai de vous enlever, et ne fus pas plus heureux. Je me renfermai alors entièrement avec mon frère ; l'amitié nous consolait des maux de l'amour. Quand la reine remonta sur le trône, je reparus à la cour ; je vis Richard, et je pensai payer de ma vie la jalousie que lord Auldei m'inspira. A la suite d'un combat très-vif, je restai sur la place ; mais des vingt hommes qui étaient à ma solde, dix qui n'étaient pas employés à la garde d'Edgard, avaient ordre, dès que je voyageais, de se tenir toujours à portée de moi ; ils me relevèrent et me conduisirent en litière à Godwich. Lorsque je fus guéri, je pris la résolution de quitter entièrement le monde. Ce fut alors que je vous fis ma légataire universelle, disposition que je confirme par cet écrit. Ce fut alors que je fis placer mon tombeau près de celui de vos ancêtres. Si quelqu'un s'était présenté avant que l'ouvrage fût fini, je l'aurais tellement effrayé, qu'il eût bien fallu qu'il me laissât le champ libre. Je restai enseveli avec

Edgard pendant tout ce tems, et je faisais tout ce qui était en moi pour adoucir sa captivité. Je savais qu'il avait un grand désir de connaître son fils; instruit par mon espion, qui était toujours auprès de vous, du séjour du prince de Galles à Birmingham, et de la volonté qu'il avait de visiter les souterrains, j'avais fait faire depuis long-temps une trappe dans la grande galerie, avec un escalier qui montait de la galerie basse à celle par où on entrait autrefois pour gagner la forêt; je pensai que ce serait un bon moyen d'y attirer le prince, en faisant sortir, par cette même trappe, des feux sulfuriques. Vous savez comment le prince et mon neveu descendirent, sans le moindre danger, dans la galerie basse; vous avez su aussi tout ce qui se passa dans cette entrevue, et que le prince et Richard pouvaient vous dire sans violer leurs sermens.

» Edgard eut une grande joie de voir

son fils ; mais j'avais exigé qu'il ne se fît pas connaître. Je ne nommai pas mon frère au prince ; je lui dis seulement qui j'étais, et lui jurai de me trouver toujours près de lui toutes les fois qu'il combattrait ; j'ai tenu ma parole : on m'a vu à Barnet et à Tenkelsbury. C'était à ce dernier endroit qu'était marquée la fin de ma carrière ; je suis resté sur le champ de bataille, mes gens me portèrent dans une chaumière ; je me sentais mortellement blessé, et je voulais faire rendre la liberté à mon frère et me réconcilier avec Dieu, lorsque, dans la pauvre cabane où j'étais, et où je craignais à chaque instant que des gens du parti d'Edouard d'Yorck ne me trouvassent, je vis entrer un vénérable ecclésiastique. Quelle fut ma surprise, en reconnaissant Robert Smith ! « Ah ! m'écriai-je, c'est le ciel qui vous envoie. » Son étonnement ne fut pas moins grand que le mien ; depuis long-temps il me croyait mort ainsi qu'Edgard, et sa surprise fut extrême quand il apprit que mon frère vivait; quant à moi, il vit bien que j'avais peu de temps à rester sur la terre; j'employai ces précieux momens à lui donner tous les renseignemens nécessaires pour qu'il pût trouver l'entrée du souterrain que mon frère habitait, et qui est à plus de deux lieues des anciennes ouvertures du côté de la forêt. Depuis deux jours que je suis dans cette cabane, j'ai écrit cette relation qui peut vous être utile; je me sens très-affaibli, dans peu je ne serai plus; ici finiront vingt ans de tourmens si cruels que je ne pourrais les exprimer. Pardonnez-moi votre malheur, j'espère qu'Edgard me pardonnera aussi; il me plaignait quelquefois en voyant ce que je souffrais. Si j'avais pu supporter que vous fussiez unis, il y aurait long-temps que je lui aurais rendu la liberté; mais cela m'était impossible, mourir me paraissait moins cruel. Quand le ciel, par ma mort, vous aura rendu votre époux, pensez quelquefois à l'infortuné William, qu'une passion funeste priva de tous les biens que le ciel lui avait donnés. Adieu, chère Henriette, je meurs en vous adorant, et en faisant des vœux pour votre bonheur et celui de mon frère.

» Grâce à la religion et à la manière dont Robert m'a présenté les consolations spirituelles, je puis supporter avec résignation l'idée que ma mort va vous réunir à mon frère, sans me briser la tête contre les parois de cette chétive cabane ; mais cette pensée me fait encore tant de mal, que je me flatte que ce me sera un moyen d'expier tous mes torts envers Dieu, vous et mon cher Edgard. J'ai donné à Robert le nom de mes satellites, je vous les recommande ; quant à l'espion, Robert lui donnera la somme que je lui ai promise, et il sortira de chez vous sans se faire connaître ; je ne vous parle pas de Cramps, ce serait vous faire injure. Il est temps que je quitte la plume, ma main la soulève avec peine, mes yeux se ferment. Adieu, cher et funeste objet de la passion la plus terrible qui existât jamais ; si vous..... »

———

CHAPITRE LXI.

Henriette ne put achever cette lecture sans donner quelques larmes à l'infortuné dont elle lui retraçait les douleurs ; mais quand elle pensait que son Edgard avait été si près d'elle pendant vingt ans, sans que jamais elle eût pu en avoir d'idée, elle regrettait que tant de jours, qui auraient dû être heureux, eussent été passés dans les larmes ; elle se flattait qu'enfin réunis ils le seraient pour toujours. Cependant, elle n'était pas sans inquiétude de ce qui se passait dans le château : qu'aura dit Herefort, en ne la voyant pas revenir pour l'heure des deux mariages ? comment aura-t-il supporté le ridicule attaché à une conduite si bizarre ? et comment voir retarder son union avec Edmée, sans la plus violente colère ? et Auldei, que penset-il, que dit-il ? verra-t-il tranquillement la perte de dix mille livres sterlings de rente, auxquels il est beaucoup plus sensible qu'à mes charmes ? Et la pauvre Edmée ! quelle douleur ! quelle situation pour elle entre son père et son amant, qui tous deux se conduiront aussi mal l'un que l'autre. Mais si Auldei rendait Richard responsable de ma disparition, s'ils allaient mesurer leurs armes ! « ah ciel ! protège mon fils. » Elle passa tout le jour dans ces alarmes : Edgard ne revenait point. Elle jugeait par le tems que devaient durer les bougies, qu'il y avait plus de douze heures qu'il l'avait quittée, car elle les avait renouvelées, et elles étaient déjà à plus de moitié de leur longueur. En vain l'heure des repas s'était fait sentir, quoiqu'elle eût plus qu'il ne lui fallait pour satisfaire son appétit, elle ne put se résoudre à manger ; une tristesse extrême l'accablait. Elle priait avec ferveur celui qui gouverne toutes choses, de ne pas l'abanbonner, et de veiller sur l'existence d'Edgard et sur celle de son fils, quand elle entendit un grand bruit, comme d'une porte que l'on brisait : c'était en effet celle de bronze; mais il faut reprendre de plus haut.

Richard, comme il l'avait dit à sa sœur, avait donné ordre qu'au lever du soleil on jouât des fanfares sous les fenêtres des deux mariées. La cloche du beffroi du château sonna, et toutes celles des paroisses environnantes y répondirent. Tous les vassaux, en habits de fête, se rendaient à Birmingham; il en venait de l'autre côté du Tam, et la rivière était couverte de petites barques avec des banderolles aux armes d'Herefort et d'Auldei; les coulevrines des tours tiraient de quart d'heure en quart d'heure trois coups, que les échos des montagnes répétaient : tout annonçait une fête brillante, la journée paraissait devoir être superbe; on était aux plus grands jours d'été. Richard, déjà descendu dans les cours, recevait ses voisins, qui venaient prendre part à son bonheur, avec une affabilité qu'on ne lui avait pas encore vue; jamais il n'avait paru d'une figure plus remarquable; on aurait dit Edgard à son âge; il n'avait pas besoin d'employer aucun art pour paraître le plus beau du canton.

Il n'en était pas de même d'Auldei; il touchait à la fin de son neuvième lustre, et son humeur, naturellement atrabilaire, avait déjà sillonné son front et blanchi en partie ses cheveux et sa barbe; il employa, ce jour-là, beaucoup de temps à les peindre; quant aux rides, il crut qu'en laissant paraître sur son visage toute la joie que la grande opulence lui causait, il les ferait disparaître. Il met aussi une grande recherche dans ses habits : un pourpoint de drap chamois, brodé d'or, avec l'écharpe, les plumes et les bottines rouges, un manteau de pareille couleur, brodé d'or; un collet de point de Flandre; il a emprunté à sa fille quelques diamans, que sa future belle-mère lui a donnés, et dont il a orné son chapeau et attaché son collet; enfin, s'étant regardé dans un miroir, il se crut aussi beau et presqu'aussi jeune que Richard, et content de lui-même, et surtout de la fortune, il descendit dans la cour et demanda à Richard s'il n'avait pas vu ces dames? « Non, pas encore : je crois bien qu'Edmée est levée, il m'a semblé voir aller et venir dans sa chambre; mais, chez ma sœur, les volets sont fermés, et ses femmes, qui n'ont point reçu l'ordre d'entrer chez elle, ne veulent point y pénétrer, elles disent que leur maîtresse a veillé fort tard. Cependant l'heure s'avance, on a paré la chapelle, les dames sont toutes arrivées, et attendent dans la grande galerie que les mariées paraissent; je brûle d'impatience de voir Edmée; ne pourriez-vous pas, milord, donner ordre à Francisque de dire à miss Auldei que vous l'engagez à descendre avec ses demoiselles ? » Auldei, qui commençait à s'inquiéter, envoya son écuyer : on trouva Edmée toute habillée; mais elle dit, « qu'elle ne pouvait paraître qu'après avoir reçu de sa belle-mère la couronne virginale, que sûrement lady ne tarderait pas à faire entrer chez elle, et alors fort peu de temps suffirait pour la toilette de milady, qui avait annoncé qu'elle serait de la plus grande simplicité, se regardant comme veuve, puisque celui à qui elle devait être unie était mort : elle ne doit avoir qu'une robe grise, un collet de batiste et un voile noir. — Voilà une singulière parure, pour un jour de nôces, et comme vous le dites, reprit Francisque, elle ne sera pas longue à faire. » Et il vint rendre la réponse à Auldei, qui le renvoya sur le champ avec ordre de conduire sa fille dans la galerie. Il fallut obéir; et la pauvre petite, embellie par la pudeur et l'amour, parut au milieu d'un cercle de femmes, toutes belles, mais dont aucune n'avait la fraîcheur d'Edmée : on eût cru voir Hébé effaçant par l'éclat de la jeunesse toutes les autres déités de l'Olympe. Elle avait l'air embarrassé, et ne savait quelle place occuper; Richard vint à elle, et la conduisit sous un dais, où il avait fait placer sur une estrade deux fauteuils pour les deux mariées, et il se mit à ses pieds.

Le plaisir qu'ils avaient à se voir suspendit pendant quelque tems l'impatience où ils étaient qu'Henriette occupât la place qui lui était réservée. Mais au bout d'une heure Auldei, que rien ne pouvait distraire de ces longs momens d'attente, vint trouver Richard, et lui demanda avec humeur si c'était une mauvaise plaisanterie d'Henriette de faire ainsi attendre une aussi illustre assemblée; qu'il le priait de monter chez elle, et de savoir définitivement si elle voulait se donner la peine de descendre.

Richard, assez fâché de s'éloigner d'Edmée, se leva néanmoins, et se rendit à la porte de sa sœur, qui était toujours fermée. Il s'adressa à Jenny : cette femme était aussi d'une grande inquiétude. « Il faut entrer chez lady, dit-il ; où sont les clefs ? — Milady n'a pas voulu qu'on les prît hier, ayant, nous a-t-elle dit, l'intention de passer la nuit pour mettre de l'ordre dans ses papiers. — Voilà une bien plaisante idée la veille d'un mariage; il faut faire ouvrir. » Madame Roberson, qui ne savait à quoi attribuer le silence que gardait milady, craignait qu'elle ne se fût trouvée mal, et elle insista aussi pour que l'on fît ouvrir. On fait monter le serrurier; il force sans peine la serrure. Richard entre le premier, mais il n'y a personne dans l'appartement; il est certain que milady ne s'est point couchée ; mais où est-elle ? on ne sort point d'une citadelle comme d'une maison de plaisance ; elle n'a pu quitter les murs de Birmingham, on l'aurait su.

Richard, muet de colère et de saisissement, garde le silence ; mais la plus violente fureur éclate dans ses yeux, quand il a parcouru deux fois toutes les pièces de l'appartement de sa sœur ; il vient à madame Roberson, d'une voix menaçante il lui dit : « Où est-elle ? vous le savez, je vous ordonne de me le dire. — Je vous jure, monseigneur, que je n'en sais rien. — Que l'on mène cette femme à la tour noire, et qu'elle y reste jusqu'à ce qu'elle ait déclaré où est sa maîtresse. — Hélas ! monseigneur, vous pouvez disposer de ma vie, mais non obtenir de moi ce que vous désirez, c'est impossible, je ne le sais pas. — Quelques mois d'abstinence au pain et à l'eau vous en feront souvenir. » Et, sans pitié pour celle qui a élevé sa mère et a soigné ses jeunes années, il la fait traîner dans un cachot, et défendit qu'on ne lui donnât rien que de la paille pour se coucher, et du pain et de l'eau pour toute nourriture. Ensuite il déclare aux demoiselles et aux femmes de sa sœur, même à Alworty que si, d'ici à vingt-quatre heures, elles ne retrouvaient pas milady, elles pouvaient attendre le même sort. Sir Jacques, ce bon vieillard, qui remplissait depuis si long-temps les fonctions de majordome dans le château, souffrit aussi de l'humeur de Richard, qui le destitua en disant que c'était sa faute si Henriette était disparue, et lui ordonna qu'il eût à rendre ses comptes dans vingt-quatre heures; comme il crut entendre qu'il murmurait, il vint à lui avec un geste menaçant, et lui dit qu'il eût à se taire ou qu'il irait rejoindre sa chère Roberson : le pauvre vieillard se mit à pleurer et dit : « Voilà cinquante ans que je suis au service des seigneurs de Birmingham, et c'est la première fois que je reçois un semblable traitement; est-ce donc ma faute si milady déteste le lord Auldei ? »

Richard, après avoir donné un champ libre à son humeur farouche, ne voulut point rentrer dans la galerie, mais fit demander à Auldei, s'il voulait venir lui parler, qu'il avait des choses importantes à lui communiquer; Auldei sortit aussitôt. « Mon cher lord, dit Richard de manière à n'être entendu que d'Auldei, j'ai une bien mauvaise nouvelle à vous apprendre : ma sœur a disparu, quoique personne ne l'ait vu sortir, ainsi il est sûr qu'elle n'a pu franchir nos murs; mais on ne l'a vue nulle part. En attendant que nous l'ayons trouvée, je crois que nous n'avons pas d'autre parti à prendre que de dire que, ma sœur s'étant trouvée fort malade, son mariage ne peut avoir lieu aujourd'hui; et si vous voulez, milord, cela ne retardera pas mon bonheur. — Je vous entends; d'accord avec votre sœur, vous voulez me jouer; et si je consentais à vous unir à ma fille, ce serait alors que je réclamerais en vain la promesse de milady. — Vous jugez mal ma conduite, milord, et si vous n'étiez pas le père d'Edmée, je pourrais vous demander raison de l'opinion que vous paraissez avoir de ma loyauté; jugez si, par la rigueur que j'ai exercée envers ceux que je soupçonne être complices de l'outrage que nous fait milady, jugez, dis-je, si je suis d'accord avec elle. — Peu m'importe que vous le soyez ou non, nous verrons cela plus tard; mais j'ai mes raisons pour ne point marier ma fille avant moi; dites à ceux que vous avez assemblés tout ce que vous voudrez, je ne vous démentirai pas; mais soyez sûr que vous ne serez pas mon gendre qu'Henriette ne soit mon épouse. »

Lord Herefort, au désespoir, prit cependant le parti de rentrer dans la galerie, d'annoncer la prétendue maladie de milady, et dit en même temps, que le repas des nôces étant prêt, il se flattait que les dames et les baronets ne quitteraient pas Birmingham sans y prendre part : plusieurs acceptèrent ; d'autres, empressés d'aller raconter cette singulière aventure, partirent ; mais enfin, lord Richard se vit forcé de faire les honneurs d'un très-grand festin, où on fut fort triste, surtout Richard et Edmée ; Auldei n'y prit point place, la colère le suffoquait. Enfin, sur les neuf heures du soir, tous les étrangers quittèrent Birmingham, et laissèrent aux deux lords la liberté d'exhaler leur rage contre Henriette ; en vain Edmée cherchait à les adoucir, ils juraient de tirer de milady la plus sévère vengeance.

Enfin Auldei, persuadé que Richard n'entrait pour rien dans la trahison d'Henriette, se réunit à lui pour trouver les moyens de s'emparer de milady dans quelque lieu qu'elle fût, et de la forcer, sous peine de la vie, de s'unir au lord. Ce parti décidé, ils ne doutèrent pas qu'elle ne se fût cachée dans les souterrains : ils se rendirent à la chapelle, et trouvèrent la porte de bronze fermée en dedans, ce qui aurait dû leur faire croire qu'elle n'avait pu descendre dans le caveau ; mais, dans la colère qui les possédait, ils n'étaient pas en état de réfléchir, et ils résolurent de faire briser la porte. C'était le bruit qu'avait entendu Henriette : cette porte céda aux efforts multipliés que l'on employa contre elle, et tomba en éclats. Alors les deux lords descendirent à la hâte les degrés, et traversèrent, avec une égale rapidité, le caveau ; ils entrent ensemble dans la chambre souterraine, où ils trouvèrent Henriette, qui, heureusement, avait eu le temps de soustraire à leurs regards le manuscrit de William, qu'elle avait déposé sur une table.

Ils s'approchèrent d'elle comme des bêtes féroces, et lui demandèrent la raison de sa conduite ? « Vous la saurez, reprit milady avec beaucoup de calme et de dignité. — Nous la saurons, quand, s'il vous plaît ? — Lorsqu'il me conviendra de vous l'apprendre. — Dieux ! s'écria Richard, est-ce ainsi que l'on se joue de ce que les hommes ont de plus sacré, de sa parole ? malheureuse ! oubliez-vous que vous êtes en ma puissance, et que j'ai le droit de vous contraindre à suivre mes volontés ? — C'est ce que l'avenir prouvera, reprit milady avec le plus grand sang-froid. — Je le prouve dès cet instant, dit Richard : qu'on la charge de chaînes et qu'on la mène à la tour. — Richard, prenez garde à ce que vous allez faire, et ne vous préparez pas des remords. — Est-ce à ceux qui remplissent leurs promesses à en connaître ? obéissez, » disait-il à ses gens, qui, pénétrés d'effroi de cette scène, restaient immobiles, et ne savaient s'ils devaient obéir à leur maître ou se tourner du côté de milady pour la défendre. Henriette leur disait : « Non, mes amis, ne prêtez point vos mains pour rendre mon frère plus coupable qu'il ne l'est ; soyez sûrs qu'en le défendant contre lui-même vous n'avez rien à redouter. » Auldei, pâle de colère et avec l'accent de la rage, leur disait, au contraire : « Vous avez tout à craindre, si vous ne remplissez pas ce que vous ordonne milord. » Et voyant que Richard paraissait incertain, il lui adressait ces paroles : « Ne faiblissez pas, ou c'est à vous que je m'en prendrai. »

A cet instant, Edgard, qui était entré par l'escalier des tombes, ayant entendu des voix qui lui étaient inconnues, accourait au secours de sa compagne ; il entre l'épée nue, et demande à Richard,

« ce qu'il prétend, et de quel droit il ose élever la voix en parlant à milady Wilz? — Et de quel droit le trouvez-vous mauvais? » reprit Richard en mettant aussi l'épée à la main. Henriette, hors d'elle-même, se jette entr'eux deux, et dit: « Cruels, percez mon cœur avant de vous frapper l'un et l'autre. — Relevez-vous, milady, reprit Edgard, ce n'est point ici le lieu d'un combat : d'ailleurs, vous savez qu'il ne peut en exister entre nous; » et voyant que Guillaume avait mis aussi l'épée à la main : « Quant à lord Auldei, c'est autre chose; mais je lui demande de différer pendant deux jours le combat : je me nomme Edgard Wilz, frère du malheureux William, qui institua madame son unique héritière; mais ce n'est qu'une partie des secrets que je dois vous apprendre. — Vous le comte Wilz, reprit Auldei, c'est impossible : Edgard est mort dans l'Inde il y a quatorze ans; vous êtes un imposteur. Cependant, comme vous pourriez penser que je redoute de mesurer mes armes avec les vôtres, si vous me prouvez que vous êtes Edgard, nous nous battrons et Henriette sera le prix du vainqueur. »

Richard, qui croyait reconnaître la voix et la taille du chevalier dont il avait reçu tant de témoignages de tendresse lorsqu'il était tombé en son pouvoir, se trouvait dans une disposition si extraordinaire, qu'il ne savait que résoudre. Auldei, qui avait un plan formé, parut n'exiger contre Henriette d'autre mesure de rigueur, que de la laisser dans la chambre souterraine, dont ils fermeraient toute communication avec le caveau. « Elle a choisi cette retraite, il faut l'y laisser; monsieur voudra bien en sortir, et après-demain nous attendrons la preuve des droits qu'il prétend avoir sur milady. »

Edgard consentit à cet arrangement; et, ne voulant point faire connaître l'escalier des tombes, et ayant assuré Henriette dans les termes les plus tendres et les plus respectueux, qu'il ne s'éloignait encore d'elle que pour chercher celui dont la présence lui serait une preuve de ce qu'il avançait, il remonta les degrés avec les deux lords, qui ne crurent pas devoir le faire arrêter, quoiqu'ils fussent persuadés qu'il était un imposteur. Mais que leur importait, une fois hors du château, que pouvait-il faire, suivant eux? car ils s'étaient persuadés que c'était par la chapelle qu'il était venu les trouver dans la chambre d'Henriette. Reste à savoir comment il était dans le château; mais le nombre de gens, qui étaient entrés et sortis tout les jour d'avant, pouvaient bien autoriser à croire qu'il s'y était introduit sans qu'on y eût fait attention. Les deux lords croyaient, sans se l'avouer, que cet inconnu pouvait bien être un amant secret d'Henriette, et que c'était pour se conserver à lui qu'elle refusait lord Auldei. Enfin, quel que fût ce personnage, il était certain qu'il avait quitté le château, et ils ne voyaient aucun moyen pour qu'il y entrât, si ce n'était par le pont-levis; ainsi ils pouvaient se livrer à tout ce que leur imagination leur suggérait, pour forcer Henriette, dans cet intervalle, à épouser lord Auldei, sans craindre qu'il pût y mettre obstacle.

Edmée n'apprit pas sans la plus vive douleur tout ce que son amie avait souffert, elle en fit des reproches à Richard, et obtint la liberté de la pauvre Roberson, mais non qu'elle pût rejoindre sa maîtresse. Auldei, qui craignait que milady lui échappât, avait fait poser deux sentinelles à la porte qui communiquait de sa chambre au caveau. Il eut ensuite une fort longue conversation avec Richard, dans laquelle il le décida à ne point attendre le retour du prétendu Edgard, et de forcer sa sœur à l'épouser.

Richard, qui ne voyait que ce moyen d'obtenir Edmée, se laissa persuader ; mais il fallait que l'aumônier voulût s'y prêter, et c'était là ce qui paraissait très-difficile. Richard, néanmoins, se chargea de lui proposer de les servir dans leurs desseins ; mais il trouva ce digne prêtre aussi insensible aux menaces qu'aux offres d'une fortune considérable : il représenta à Richard combien il était coupable de rendre malheureuse une sœur qui avait eu de lui d'aussi tendres soins. « Hélas ! disait-il, voilà l'effet des révolutions politiques ; elles troublent les familles par des attentats qui seraient punis dans des temps d'ordre et de justice. Oseriez-vous, milord, si notre auguste reine avait encore la puissance, offenser ainsi la fille de son amie, celle dont elle protégeait les amours avec le comte Wilz, et qui désirait qu'ils fussent unis ? vous vous garderiez bien de vous y opposer, et la reine les unirait sans que vous puissiez les en empêcher ; mais vous êtes sûr de l'impunité, et à l'abri de vos murailles, vous vous livrez sans remords à la fougue de vos passions ; vous voulez obtenir Edmée, et vous ne connaissez rien de sacré pour y parvenir ; mais, moi, je ne prêterai point mon ministère à cette indignité : vous pouvez faire tout ce que vous voudrez ; dussai-je quitter ces murs, où, depuis trente ans, j'élève chaque jour mes mains vers le ciel pour votre prospérité. Ordonnez, et je pars à l'instant ; mais je n'en prierai pas moins pour vous jusqu'à mon dernier soupir. » Richard, ne pouvant le vaincre, revint trouver Auldei, qui se chargea de faire venir un autre prêtre par argent ou par menace, peu importe.

Pendant qu'Auldei se charge de l'exécution de ses desseins, Richard eut encore à soutenir une scène déchirante. Edmond, instruit des torts de Richard envers milady, vint à lui, et se jetant à ses genoux, lui dit en fondant en larmes : « O mon cher maître ! vous, le descendant des seigneurs d'Herefort, voulez-vous me faire mourir de douleur par votre conduite envers votre sœur, leur digne héritière ? voulez-vous que, dans la tombe, son père me reproche de l'avoir laissé opprimer par celui qui lui doit plus que la vie ? oui, monseigneur, plus que la vie. — Laissez-moi, dit Richard, laissez-moi, vous avez tous juré ma perte. » Et il s'éloigna. Edmond, au désespoir, disait : « J'ai vécu trop longtemps ! »

CHAPITRE LXII.

Henriette n'avait pas vu Edgard suivre les lords sans inquiétude, et elle ne savait pas quand il pourrait venir la joindre. Jamais nuit ne lui avait paru aussi longue; elle avait en vain cherché le sommeil, il avait fui de ses yeux; enfin elle se croyait encore destinée à de nouvelles douleurs, et elle ne se trompait pas. Il pouvait être environ dix heures du matin, quand elle entendit ouvrir la porte de sa prison; elle vit entrer Richard et Auldei, et un vénérable ecclésiastique, les yeux bandés, que deux des gens de lord Auldei tenaient de manière à ce qu'il ne pût lui échapper. Celui-ci demandait à ces satellites où ils le conduisaient? — Vous le saurez, disait Auldei. — Mon frère, que prétendez-vous? pourquoi un prêtre? — Vous allez l'apprendre. — Ministre du Dieu vivant, s'écria milady, ayez pitié de moi! — Qu'entends je? quel son de voix a frappé mon oreille? — C'est celui d'Henriette Herefort. » Alors le prêtre fait un effort pour reprendre sa liberté, y parvient, et arrachant le bandeau qui lui couvre les yeux, dit : « L'épouse du comte Edgard! — C'est vous, sir Robert; le ciel prend donc enfin pitié de mes malheurs. — Quel est, dit Auldei, ce sir Robert? — C'est celui qui reçut mes sermens et ceux d'Edgard. — Qu'importe, Edgard est mort il y a quatorze ans, et vous êtes libre. — Edgard vit, et je viens, dit Robert, avec tous les titres qui constatent son existence, son mariage avec lady, et qui attestent, milord, en s'adressant à Richard, que vous êtes le fruit de cet hymen secret. » Et il lui présenta l'acte de mariage, revêtu du grand sceau de l'état. Richard, voyant les signatures de la reine et du duc de

Sommerset, parut saisi d'étonnement, et disait : « Quoi ! serait-il possible ? »

A cet instant, Edgard et Cramps, qui avaient aperçu de loin Robert qui se rendait au château, accourent pour s'y trouver en même temps que lui, et descendirent aussitôt dans les souterrains, ayant su que les lords et Robert y étaient. Que l'on juge de l'émotion de Richard, quand Henriette lui dit : « Voilà ton père ; voilà mon époux que je pleure depuis vingt ans, et lui présentant le manuscrit de William, voilà ce qui atteste la vérité de ce que je te dis. — Quoi ! est-il vrai ? — Oui, Richard, c'est moi qui te pressai contre mon cœur, au moment où toi et l'infortuné prince de Galles, vous descendîtes dans des souterrains plus profonds que ceux-ci. — Je ne puis dire le contraire, reprit Richard avec un embarras extrême, dès hier, j'ai cru vous reconnaître ; mais si je suis votre fils, si Henriette est ma mère, comment me pardonnerez-vous ? — Parce qu'il n'est rien de plus miséricordieux que le cœur d'un père, si ce n'est celui d'une mère. » A ce moment, Richard, emporté par le sentiment de la nature, tombe aux pieds de milady. « O vous que je crois ma mère, puisque je plie le genou devant vous, faites que mon père me pardonne. » Ils le prirent dans leurs bras, et l'assurèrent que tout était oublié.

Auldei, qu'un tel spectacle irritait au dernier degré, demanda avec une extrême insolence, jusqu'à quel point on comptait abuser de sa patience ? Richard lui jura que les nouveaux sentimens dont son cœur était rempli rendaient plus tendres encore ceux qu'il avait pour Edmée; qu'il ne pouvait l'accuser de manquer de parole, puisqu'il n'avait aucun droit sur sa mère; que lui-même ne pouvait avoir de prétentions sur elle, puisque milady était mariée. — Je ne crois rien de tout ce que vous dites, je vous regarde tous comme des imposteurs, et je n'en croirai que le jugement de Dieu; ainsi, je somme Richard de se battre avec moi en champs clos, s'il veut conquérir Edmée; s'il est vainqueur, il l'aura pour femme, sinon il me paiera dix mille livres sterlings, et renoncera à toute alliance avec moi. » Ce mélange d'idées chevaleresques et cet amour de l'or qui lui faisait demander le prix de sa vie qu'il exposait, ne pouvait se trouver que dans un homme du caractère d'Auldei. Richard accepta, et on indiqua le combat pour le lendemain au lever du soleil. Robert fit l'impossible pour les détourner de cette action, que l'on commençait à ne plus regarder comme pouvant être autorisée par les lois divines et humaines; mais cela fut impossible. On quitta les souterrains, dont Richard connut par la suite les secrets par le manuscrit de son oncle. Quand on fut dans la galerie du château, Edmée, qui n'avait pas eu un moment de repos depuis vingt-quatre heures, accourut avec madame Roberson, Edmond, Francisque, Jenny, et même le vieux Jacques, qui, comme on pense bien, n'avait pas quitté le château; ils venaient tous savoir ce qui s'était passé. Henriette leur présenta leur maître, son cher Edgard : tous le félicitèrent; tous, excepté Edmée et Francisque, le connaissaient, et éprouvaient la plus grande joie en le revoyant, ce qui ajouta encore à la colère d'Auldei, qui, en répétant à Richard ce qu'il lui avait déjà dit, plongea Edmée dans la plus vive douleur, en apprenant la résolution de son père et de son amant ; milady partageait ses alarmes; Auldei ne se laissa pas attendrir, et voulut, dans le même instant, quitter le château, ordonnant à sa fille de le suivre. Jamais douleur ne fut plus vive : Richard était si malheureux de son départ, que la joie d'Henriette en était entièrement troublée; mais rien n'arrêta Guillaume, il donna ordre à sa fille de monter à cheval, car il avait déjà dit qu'on amenât les chevaux. Edmée se jeta dans les bras d'Henriette et lui remit son écrin. « Je ne garde, dit-elle, que votre portrait. » Henriette l'assurait que tout n'était pas rompu; mais Auldei, impatient de quitter le château, emmena sa fille, et ils partirent.

Robert Smith proposa encore d'aller à Walton pour tâcher d'amener une réconciliation; Henriette l'assura qu'elle lui en aurait la plus sincère obligation; mais comme il fallait laisser à Auldei le temps d'arriver à Walton, Henriette engagea Robert à lui conter comment il se trouvait à Birmingham; car dans le trouble que tant d'événemens inattendus avaient causé, milady n'avait pu comprendre comment le bon curé se trouvait mêlé à tout ce qui s'était passé depuis la bataille de Tenkelsbury, lui qui demeurait dans le Devonshire; il le lui expliqua de cette manière.

« Vous savez, milady, par quel bonheur je me suis trouvé aux derniers momens de lord William. — Je l'ignore. — Un de mes parens avait été conduit après la bataille de Barnet à la Tour, et il devait craindre la vengeance d'Edouard, qui n'épargne ni les grands ni les petits. Il me fit écrire et m'engagea à venir à Londres : il savait que j'étais ami intime du médecin du roi, qui ne lui refusait rien, et que j'aurais sûrement sa grâce par ce moyen. Je partis aussitôt, et j'eus le bonheur de faire ouvrir les portes de la prison de mon parent, qui retourna de suite dans sa famille, dans les environs de Dorchester. Il m'engagea à y venir avec lui, j'y passai huit jours; mais inquiet de ma mère et de mon troupeau, je voulus absolument me mettre en route, et je me trouvai à Tenkelsbury le jour même de la bataille. Je venais d'en apprendre les tristes résultats, et je rentrais chez moi avec l'intention de me remettre en chemin dès le lendemain, lorsque je vis devant une pauvre cabane plusieurs hommes de guerre attroupés. Je demandai ce que c'était; un d'eux me dit que c'était un brave chevalier qui se mourait des blessures qu'il avait reçues à la dernière bataille en défendant le prince de Galles. Je pensai que peut-être mon ministère pourrait lui être utile, et j'entrai.

» Quand je vis lord William, il me fit signe de ne pas le nommer. Je m'approchai de son lit, je le trouvai très-mal; le chirurgien que l'on avait appelé, l'avait condamné. Ce fut pour moi une grande douleur de le trouver dans ce triste état. Les révélations qu'il me fit y ajoutèrent encore, quoique, je l'avoue, j'eusse bien du plaisir à savoir qu'Edgard vivait; mais aussi, qu'il m'était douloureux de penser à tout ce que vous aviez souffert l'un et l'autre. William me parut disposé à réparer ses crimes autant qu'il serait en lui. Il vécut encore trois jours pendant lesquels il donna de grandes preuves de repentir et de tendresse pour son frère. Il écrivit en plusieurs fois le manuscrit que je vous ai remis; ensuite il me donna des marques de passe pour les hommes qui gardaient Edgard, et il me pria d'aller le joindre le plutôt possible. Je ne voulus point le quitter, tant qu'il respirait encore, et j'eus la consolation de le réconcilier avec Dieu, et de lui donner le gage de l'immortalité. Je fis, d'après ses ordres, embaumer son corps et ensuite porter dans une terre qu'il avait près de là, et où il reste déposé, jusqu'à ce que vous permettiez, milady, qu'il soit inhumé dans le cénotaphe qu'il avait fait poser près de vos ancêtres.

» Ces tristes devoirs remplis, je me mis en marche, et je trouvai avec assez de facilité l'entrée des souterrains qui conduisaient à la prison d'Edgard. Il fallut descendre soixante marches pour se trouver dans la galerie; je m'étais précautionné de lumière. J'arrivai à la porte où étaient les sentinelles, je leur fis voir la marque de passe; ils m'ouvrirent aussitôt. Je n'ai pas besoin de vous répéter ce que le lord vous a sûrement raconté de sa joie en me voyant; mais je lui rendrai la justice, qu'il fut très-sensible à la mort de William, qui en effet eût été le meilleur frère, s'il n'eût pas trouvé dans Edgard un rival aussi dangereux.

» Nous convînmes que je retournerais dans le Devonshire, pour rapporter votre acte de mariage; je remis à Edgard toutes les doubles clefs que son frère m'avait données. Nous fîmes part aux gens d'armes de la mort de William, et qu'il ne les avait point oubliés dans son testament; et nous leur dîmes de retourner chez eux où on les ferait avertir pour recevoir ce que feu leur maître leur laissait. Edgard m'assura qu'il n'avait eu qu'à se louer de leurs manières respectueuses et de leurs soins ; ils quittèrent avec joie cette sombre demeure ; j'y laissai mon cher Edgard, pensant bien qu'il irait vous joindre secrètement en attendant que je fusse revenu ; il voulut que j'emmenasse Cramps, et nous nous étions donné rendez-vous à l'entrée de la forêt. Nous fîmes très-bien notre voyage Cramps et moi ; mais je trouvai ma mère malade de chagrin et d'inquiétude ; je ne pus repartir que le troisième jour, ayant attendu que ma mère fût hors de danger. Il fallut nécessairement coucher en route ; lord Wilz s'impatientait de ne me point trouver, enfin nous ne nous sommes rejoints que ce matin.

» D'après nos plans, je devais arriver droit au château et demander l'aumônier ; mais quel a été mon étonnement, lorsque environ à un quart de lieue d'ici, j'ai été arrêté par un détachement de gens d'armes qui m'ont bandé les yeux et m'ont conduit ici. Je ne savais où j'étais ; je ne connaissais la voix d'aucun de ceux qui me parlaient ; je pensais bien que j'étais dans une citadelle, parce que j'avais senti sous mes pieds le balancement du pont quand on me l'avait fait passer ; je croyais être arrêté par des gens d'Edouard, et que l'on me mettait en prison dans le château que je croyais bien être celui de Birmingham, mais je n'en étais pas certain. Je n'ai pas besoin de vous dire, milady, quel chagrin j'éprouvai au moment où, en entendant votre voix, j'appris que c'était vous qui étiez prisonnière. Ce fut alors qu'ôtant mon bandeau, malgré les efforts que l'on faisait pour m'en empêcher, je revis celle que, il y avait vingt ans, j'avais unie avec le cher Edgard. Vous ne doutez pas combien je me promis de vous défendre ; les sentimens de la nature ont plus fait que moi, et si je réussis à ôter à Auldei la fatale fantaisie de se battre avec celui qui doit être son gendre, je serai le plus heureux des hommes. » Henriette l'assura qu'elle était persuadée qu'il y réussirait. Richard écrivit une lettre à Auldei, dont il espérait quelque succès, d'après la connaissance qu'il avait de son caractère ; ensuite il fit seller un cheval pour Robert, et lui donna deux gens d'armes pour l'accompagner ; celui-ci partit pour Walton d'où il ne devait revenir que le lendemain matin.

———

CHAPITRE LXIII.

Edmée avait baigné de ses larmes la route de Birmingham à Walton, et avait eu non seulement à souffrir de ses mortelles inquiétudes, mais encore des sarcasmes dont son père l'avait accueillie en lui peignant Richard comme un homme sans caractère, ne sachant point aimer, et préférant manquer aux promesses les plus sacrées, plutôt que de s'exposer à la colère d'une femme et d'un aventurier. Rien ne fait autant de mal que d'entendre maltraiter de paroles l'objet qui nous est cher. Ces propos, que son père accompagnait d'un rire sardonique, lui perçaient le cœur ; elle gardait le silence, mais ses pleurs ne cessaient de couler. Enfin ils arrivèrent, et elle demanda au lord la permission de se retirer dans une petite tourelle, d'où l'on découvrait la grande route; elle ne voulut point qu'aucune de ses demoiselles y entrât avec elle, et s'y tint enfermée le reste du jour; se livrant à tout son désespoir, elle ne voyait dans les circonstances où elle se trouvait, rien qui pût adoucir son sort, quelle que fût l'issue du combat : si c'est le lord qui est vaincu, si ses jours sont en danger, recevra-t-elle la main de son amant teinte du sang de son père? si, au contraire, Richard est blessé, il faudra renoncer à lui, et mourir s'il meurt. O mon Dieu ! quelle triste alternative ! ah ! pourquoi Edgard est-il revenu ? et elle se reprochait cette pensée. « Comment est-il possible que je puisse envier à l'intéressante Henriette un moment de bonheur acheté par vingt ans d'infortunes ? pauvre Henriette ! pardonne ; mais il n'est point de sentiment aussi égoïste que celui de l'amour; tout ce qui le blesse lui est odieux. »

Ces réflexions, et beaucoup d'autres

plus tristes encore, l'occupèrent jusqu'au coucher du soleil; elle regardait de temps en temps machinalement sur la grande route, il lui semblait qu'il devait venir du secours de ce côté, et il ne passait que quelques voyageurs qui ne s'arrêtaient pas au château dont les grilles étaient fermées; enfin, aux derniers rayons du jour, elle aperçut trois hommes qui s'avançaient au grand galop; elle pensa que c'était peut-être Richard, et son cœur s'ouvrit à l'espérance; mais à mesure que ces cavaliers approchaient, elle voyait bien qu'aucun d'eux n'était son amant. Enfin elle reconnut Robert, elle ne fut pas aussi satisfaite de voir le respectable vieillard, qu'elle l'eût été si Richard eût fait lui-même cette démarche, qu'il lui semblait qu'à sa place elle n'eût pas hésité à faire; mais enfin c'était toujours une preuve qu'il n'avait pas pour elle une indifférence absolue, comme son père le lui avait dit, puisqu'il désirait au contraire faire des propositions avantageuses au lord par l'ancien précepteur de son père; et un peu d'espérance souleva le poids de ses douleurs.

Robert Smith, arrivé à la grille du château, demanda à entrer, se nomma, et dit qu'il était chargé d'une lettre pour lord Auldei : on alla prendre ses ordres et on vint ouvrir. Le lord, depuis qu'il était revenu à Walton, avait réfléchi qu'il n'avait peut-être pas bien calculé ses intérêts, mobile le plus puissant de ses actions, en rompant avec Richard, et encore plus en voulant se battre avec lui, puisqu'il perdait tout ce dont Richard pouvait lui laisser la jouissance, et que dix mille livres sterlings ne le dédommageraient pas de cette perte ; car sa fille pouvait d'un moment à l'autre réclamer la protection de son bienfaiteur, le duc de Buckingham, qui dirait : J'ai donné mon château et ses dépendances à Edmée et nullement à Guillaume ; et s'il le reprend, je redeviendrai le plus pauvre des lords d'Angleterre ; et il se désespérait ; il se souvenait à peine d'Henriette : l'avarice le tourmentait trop à cet instant pour que l'amour pût l'occuper.

Il était dans ces dispositions quand Robert entra dans sa chambre. La physionomie calme et douce de ce bon vieillard contrastait avec l'expression des passions qui agitaient Auldei. Celui-ci se lève, et lui demande d'une voix rauque : « Que voulez-vous ? — Vous remettre cette lettre, milord, et je vous supplie, pour votre bonheur et celui de votre fille, de réfléchir sur ce qu'elle contient. — Donnez, » dit-il ; et lui faisant signe de s'asseoir, il lut deux fois la lettre de Richard, la plaça sur sa poitrine, marcha près d'un quart-d'heure dans sa chambre en comptant sur ses doigts, se frottant le front, secouant la tête, comme pour dire : Je ne veux pas ; mais il reprit la lettre, la lut encore une fois, et s'arrêtant devant Robert, qui se leva, il lui dit : « J'ai bien calculé tout ce que Richard et sa mère me proposent, je conçois que c'est assez avantageux ; la jouissance ma vie durant de Walton, celle de la dot que lord Herefort avait laissée à sa fille, je pourrais avec cela me soutenir ; mais outre le regret extrême de perdre l'espérance d'être l'époux de milady Henriette, j'ai indispensablement besoin de dix mille livres sterlings comptant, et j'aime mieux m'en tenir à mes premières propositions, étant bien sûr, par ma supériorité vis-à-vis de Richard, de les gagner. »

« Quoi ! lui dit Robert, risquer votre vie et celle d'un homme que vous avez aimé, qui l'est de votre fille, pour dix mille livres sterlings ; eh bien ! moi, milord, je me porte fort de vous les faire avoir, si vous voulez venir ce soir à Birmingham, ainsi que votre charmante fille, signer son contrat de mariage avec

Richard. — Vous croyez que cela serait possible ? — J'en suis certain. — Eh bien, renvoyez un des hommes qui vous accompagnent ; dites que c'est là ce que je demande comme dédit de la parole que milady m'avait donnée ; et si elle y consent, demain, au lever de l'aurore, nous partirons, soit pour marier ma fille avec Richard, soit pour me battre avec lui. » Robert, qui était bien sûr que l'on n'hésiterait pas, écrivit sur-le-champ, et fit partir un des gens d'armes qui étaient venus avec lui, en lui recommandant de brûler le pavé.

Edmée était sortie de sa tourelle, elle ne pouvait plus rien voir ; elle espérait apprendre quelque chose de ce que Robert était venu dire à son père ; mais on ne savait rien ; ses demoiselles n'avaient pas quitté son appartement ; et comme elle hésitait si elle descendrait ou non chez son père, Francisque vint lui dire que milord voulait qu'elle se trouvât au souper. — Seuls? — Non; nous avons le vieux curé Robert; les affaires ne vont pas si mal qu'on le disait hier; prenez patience, on est parti pour Birmingham. — Qui donc? — Vous saurez tout cela; mais ne faites pas attendre monseigneur. » Elle lava ses beaux yeux avec de l'eau de rose, car ils étaient rouges à force d'avoir pleuré, et elle pensait que peut-être... Elle fit rattacher les nattes de ses longs cheveux et suivit Francisque; avec quelle grâce touchante elle salua Robert! il en fut attendri, et l'espérance qu'il eut d'unir cette charmante fille au fils de son élève, la lui rendit plus chère.

Auldei, d'assez bonne humeur, se mit à table avec le respectable ministre et la touchante Edmée, qui n'osait faire de questions, mais qui, voyant que son père traitait Robert avec une sorte de distinction, en concevait quelqu'espérance, quand on entend sonner à la grille. « Qui peut venir à cette heure? dit le lord. » Ah! qu'il voie l'incarnat dont se couvrent les joues d'Edmée, et il saura qui ce peut être. Effectivement, on ouvre la salle à manger, un beau jeune homme entre, se précipite aux pieds d'Auldei, et lui dit : « Donnez-la-moi, et disposez de ma fortune. — Voilà qui est parler, dit Auldei : je n'aurai pas milady, parce que l'on dit que cet Edgard est son mari ; mais vous, vous aurez ma fille. » Et en disant cela, il le relève, le serre dans ses bras, et permet encore une fois à la pauvre Edmée de le regarder comme son époux. « Allons, dit Auldei, apportez un couvert, et soupons. »

Vous jugez si nos amans avaient faim, la joie les suffoquait ; mais il fallait faire ce que voulait un père qui les unissait. Ils étaient près l'un de l'autre et croyaient rêver. « Il faut en convenir, dit le lord à sir Robert, je ne suis plus d'âge à m'occuper d'amour ; je ne sais comment cette fantaisie m'avait pris. Je vais me livrer entièrement aux améliorations dont cette terre est susceptible ; mon cher Richard, vous retrouverez bien les dix mille livres que je demande à votre mère, par la valeur où je porterai Walton qui, entre nous, vous reviendra à ma mort. » Nos jeunes amans n'écoutaient pas ces calculs. Robert s'occupa de ce qui les intéressait le plus, c'était de savoir quand on célébrerait le mariage, si ce serait à Walton ou à Birmingham. Lord Auldei qui pensa que ce serait une grande dépense pour lui si les noces avaient lieu dans son château, dit qu'il valait mieux que ce fût à Birmingham, comme on en avait eu le projet. Restait la difficulté de la nuit que nos futurs époux ne pouvaient passer sous le même toit. Il fallut bien se séparer, et Robert emmena Richard ; mais il n'y avait aucun doute qu'Edmée et son père seraient dès le grand matin à Birmingham.

Edgard et Henriette ne s'étaient point couchés ; ils attendaient leur fils. Il revint ivre de joie, ses parens la partagèrent bien vivement. On passa la nuit pour les préparatifs du mariage, quoiqu'il dût se faire sans aucune cérémonie. Dès neuf heures, on vit arriver Auldei, sa fille, ses demoiselles et ses pages. Richard avait été au-devant d'eux, et revenait avec sa bien-aimée, que l'amour heureux embellissait encore. Elle se jeta dans les bras d'Henriette, et lui dit : « Vous serez de même ma mère; » et elle la pria de la présenter au père de son futur époux. Edgard, qui n'avait fait que l'apercevoir, la trouva charmante, et fut enchanté que son retour ne dérangeât pas d'aussi tendres amours. Le tabellion avait été mandé; on fit le contrat, il portait toutes les donations que le père d'Edmée avait demandées pour se consoler de la perte d'Henriette.

L'aumônier céda au bon M. Robert l'honneur de marier Richard et Edmée; Ce fut au même autel, où vingt ans auparavant il avait uni Edgard et Henriette. De tristes souvenirs se présentent à elle pendant la cérémonie, et en tempèrent la joie : là elle ne voyait plus sa mère, là une grande reine ne reviendrait jamais ; l'une est ensevelie dans le tombeau, l'autre est privée de la liberté, et pleure un époux, un fils. Mais se rappelant tout ce que le ciel avait fait pour elle en lui conservant son Edgard, elle lui rend d'humbles actions de graces, et le prie de répandre ses faveurs sur son fils et sa douce compagne. Les habitans ne surent le mariage de leur seigneur, que lorsqu'ils virent arriver chez eux le bon sir Jacques, qui leur apportait de sa part de l'argent, et les invitait à venir le lendemain prendre place à un grand repas qu'on leur préparait au château. Leur reconnaissance égala leur joie, chacun voulait voir Edgard : ils se rendirent dès le matin dans les cours de Birmingham.

Quel doux réveil, lorsqu'après une

nuit passée dans les bras d'un époux adoré, on entend les acclamations d'amour de tous les habitans de la contrée ! aussi nos deux heureux couples se hâtèrent de descendre pour recevoir les assurances de tendresse de leurs vassaux. Quelques voisins, instruits du bonheur qui régnait à Birmingham, vinrent en prendre leur part. Auldei se tira fort bien du rôle un peu ridicule qu'il avait joué le jour qu'il devait épouser Henriette; il soutint qu'Edgard lui avait rendu service, et qu'il aimait mieux caresser ses petits enfans que d'avoir l'embarras d'élever les siens. Il compta et recompta ses dix mille livres, qu'il fit transporter à Walton. Il y était fort rarement, trouvant que la maison de son gendre valait mieux que la sienne et lui coûtait moins. Enfin, depuis ce moment, la paix et le bonheur régnèrent à Birmingham.

Fanny avait été une des premières à prendre part au bonheur de sa bienfaitrice. Henriette alla avec Edgard voir la triste cabane, où l'amour pour milady avait retenu si long-tems William. Son neveu y fit élever un obélisque, et voulut qu'il fût entouré de mélèzes et de cyprès.

Tout occupé du bonheur de ce couple, j'ai entièrement négligé de vous parler de la bonne madame Roberson et de son mari Cramps : vingt ans n'avaient pas pas ajouté aux charmes de la nourrice ; cependant Cramps se conduisit en galant homme, et se laissa adorer par sa bonne vieille. Elle mourut peu de tems après, et il épousa Jenny, qui était un peu plus jeune que lui. Francisque épousa miss Alworty, et devint un bon sujet, tant l'exemple des vertus dans les chefs de famille est salutaire à ceux qui la composent ! La mère de Robert était morte : ce digne homme était trop âgé pour remplir les fonctions pénibles de son ministère, il vint finir ses jours auprès de son cher élève, et donna aux enfans de Richard les premières notions de la religion qu'il avait si long-tems pratiquée.

Les souterrains de Birmingham perdirent la réputation d'être merveilleux; on en fit enlever les meubles précieux; on n'y descendit plus que pour placer William dans son tombeau, et ils ne furent ouverts depuis que lorsque Henriette et son époux l'y vinrent rejoindre. Le temps qui détruit tout combla peu à peu les ouvertures qui conduisaient dans ces sombres demeures; le château subit le même sort, mais les cabanes qui l'environnaient furent changées en ateliers, et le village de Birmingham est à présent une ville très-commerçante.

FIN DU TOME QUATRIÈME et dernier.

www.ingramcontent.com/pod-product-compliance
Lightning Source LLC
Chambersburg PA
CBHW070628170426
43200CB00010B/1945